Discovering...
Alla Scoperta Della

Basilicata

Italiano ✦ *English*

An Historical Collection of Italian Recipes from the Region

James Martino

Published by Giacomo Enterprises Corporation ©
11104 Sweetwood Lane
Oakton, Virginia 22124
email:jamesmartino@msn.com

Library of Congress Cataloging-in-Publication Data
Martino, James
Discovering Basilicata *Alla Scoperta Della* / James Martino 1St ed.
97-072346 CIP
ISBN 0-9658032-0-1

ALL RIGHTS RESERVED. No part of this publication may be reproduced, stored in a retrieval system or transmitted in any form or by any means electronic, mechanical, photocopying, recording or otherwise, without the prior written permission of the publisher.

Design Concept by James Martino

Recipes developed by
Le Ricette Svilupatte per
Alesandro Lamorte
Gelsomina Cappiello
Maria Carretta
Maria Lamorte
Vincenzo Lamorte
Lena Schiavone
James Martino

Translations *e tradozione* Olga Mancuso, Luciano Mangiafico, Diane Martino

Photographs of Matera, Metaponto, Maratea, and cover Lauria courtesy of Italian Government Tourist Board, New York

Design Implementation and Printing by International Printers & Publishers, Inc., Fairfax, Virginia
L'Attuazione Del Disegno & La Stampa

DEDICATION

DEDICA

To Grandma

you showed me how to persevere

Alla Mia Nonna

chi mi ha insegnato perseveranza

CONTENTS

INDICI

Introduzione 10
Introduction 11

Let's Start With Antipasti or Near Antipasti 23
Andiamo ad incominciare ovvero antipasti 23

Soups and Pasta Dishes or First Dishes 33
Minestre e pastasciutte ovvero primi piatti 33

Meat and Fish Dishes or Main Dishes 59
Carni e pesce ovvero secondi piatti 59

Side Dishes and Pizza 83
Contorni piatti unici e pizza 83

Deserts 99
Dolci 99

Recipes From The Court of Frederick II 111
La cucina ai tempt di Federico II 111

L'Aglianico il vino del Vulture 118
Aglianico Wine From Vulture 119

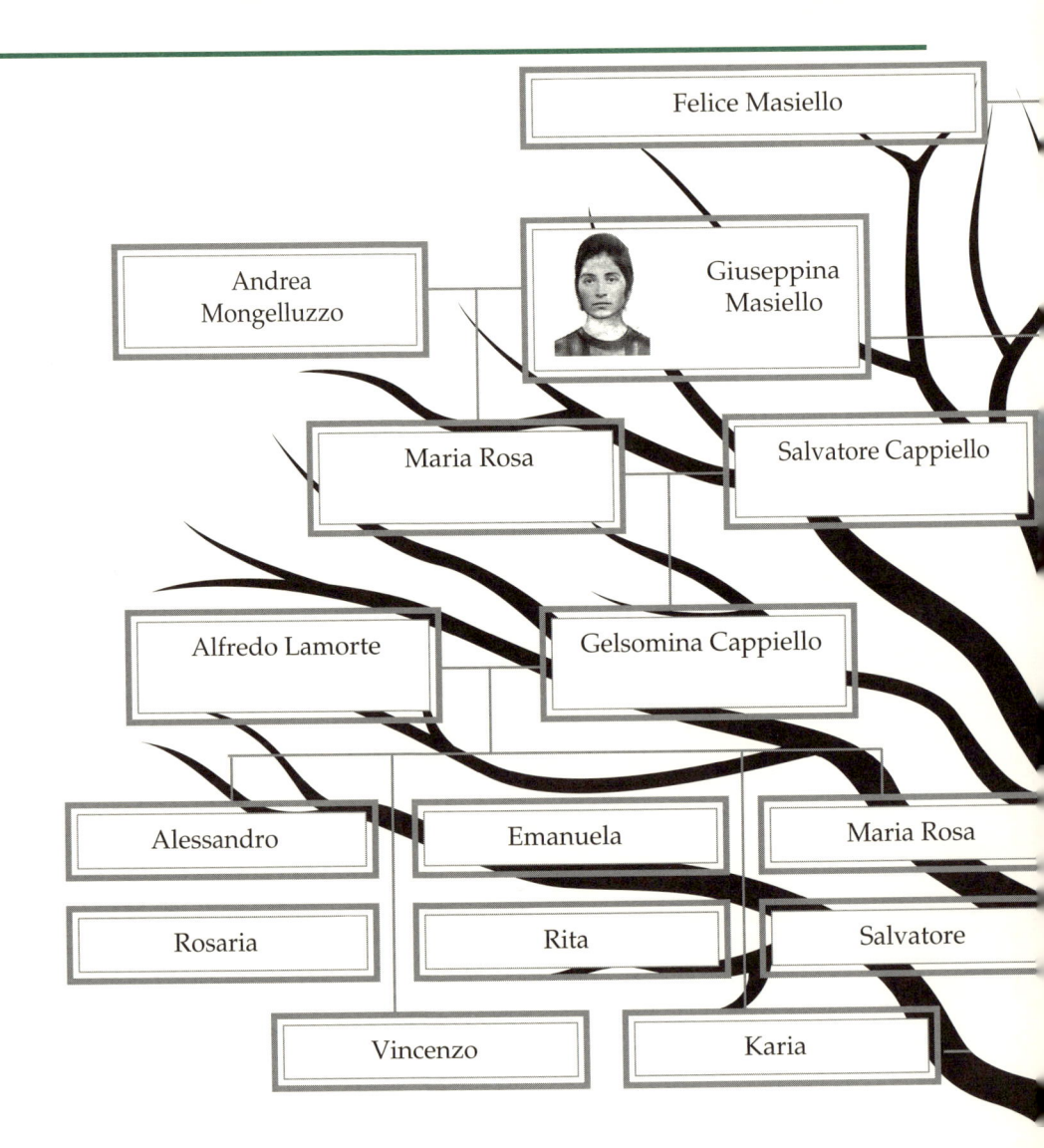

```
                          Felice Masiello
                                │
    Andrea Mongelluzzo ─── Giuseppina Masiello

              Maria Rosa ─── Salvatore Cappiello

         Alfredo Lamorte ─── Gelsomina Cappiello

    Alessandro        Emanuela        Maria Rosa
    Rosaria           Rita            Salvatore
                      Vincenzo        Karia
```

Family Tree

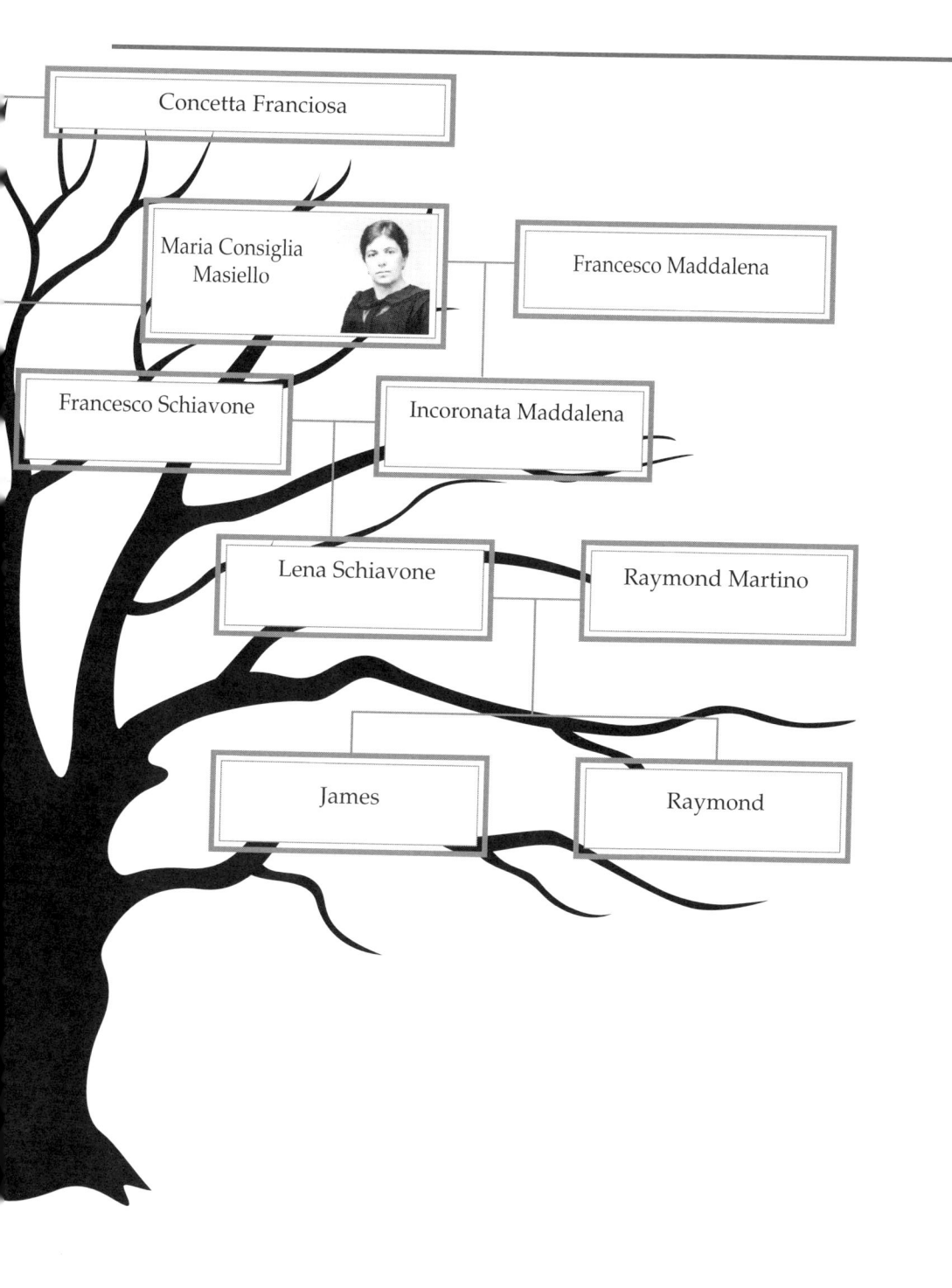

- Concetta Franciosa
- Maria Consiglia Masiello
- Francesco Maddalena
- Francesco Schiavone
- Incoronata Maddalena
- Lena Schiavone
- Raymond Martino
- James
- Raymond

BASILICATA
ITALIA

Introduzione

Suppongo di essere campanilista quando affermo che l'Italia é uno dei paesi più interessanti della terra. Turisti sono attratti dal significato storico, dall'incredibile architettura, dall'arte meravigliosa, dal paesaggio affascinante e, ovviamente, dalla cucina. Alcune regioni, come ad esempio la Basilicata, sono state offuscate da città e luoghi turistici più famosi, e di conseguenza non hanno ricevuto il riscontro che meritano. Ciò però non sorprende perche in Italia c'è così tanto da scoprire che si potrebbe impiegare una vita soltanto per conoscere la patina esterna. Per coloro che non conoscono la Basilicata, questa regione si trova tra il "tacco" e la "punta" dello "stivale". Confina ad est con la Puglia, ad ovest con la Campania ed a sud con la Calabria.

La Basilicata è relativamente sconosciuta agli Americani, persino a quelli di origini italiane. Tuttavia migliaia di emigranti che vennero negli Stati Uniti all'inizio del XX secolo provenivano da questa regione. Molti credono che i loro antenati sono venuti da Napoli, ma fatta una ricerca più precisa, si accorgerebbero che in realtà provenivano da paesini della Basilicata vicino Napoli.

Purtroppo su questa ragione mancano informazioni e pubblicazioni in lingua Inglese. La cucina è quasi sconosciuta o erroneamente interpretata e le ricette tipiche di questa regione non si trovano facilmente, e raramente sono menzionate o citate tra quelle della cucina meridionale.

Ma lo spunto del mio interesse e della mia ricerca sulla Basilicata è concentrato in tre parole: "Incoronata Maddalena

Incoronata, Franchesco (with mustache), and Maria Maddalena; Paolo, Antonio, and Felice Masiello, circa 1913

Introduction

I suppose I'm showing my bias when I say that Italy is one of the most intriguing countries on earth. Tourists are drawn to its historic significance, incredible architecture, impressive art, charming panoramic vistas, and of course, the cuisine. Some regions, such as Basilicata, have been overshadowed by the more famous cities and resorts and not given the attention that they deserve. This is not surprising since there is so much to experience in Italy that one could spend a lifetime exploring it and only scratch the surface. For the uninitiated, Basilicata lies between the heel and toe of the Italian peninsula, bordered by Puglia to the east, Campania to the west, and Calabria to the south.

Basilicata is largely unknown to Americans, even among those of Italian ancestry. Yet thousands of Italians migrated from this region to the United States around the turn of the 20th century. Many who think their ancestors were from the city of Naples would find, through further examination, that they were actually from the small towns east of Naples in Basilicata.

There is a scarcity of literature or information written in English about the region. The cuisine has been largely ignored or misunderstood. Recipes from Basilicata are hard to find and only occasionally included in books about Southern Italian cooking.

What prompted my interest in and search of Basilicata? My maternal grandmother, Incoronata Maddalena Schiavone, was born there and spent the first twelve years of her life in the town of Melfi. Then, in 1913, her parents packed all their belongings and sold what property they had, and migrated to the United States. After my grandmother passed on in 1981, I resolved that one day I would visit her birthplace and pay homage to this compassionate, loving, religious, and industrious woman.

Incoronata circa 1917

Schiavone" —la mia nonna materna che nacque e trascorse i primi dodici anni della sua vita a Melfi. Nel 1913 i miei bisnonni vendettero tutto ciò che possedevano ed emigrarono negli Stati Uniti dove mia nonna visse fino alla morte nel 1981. Dopo la sua morte decisi che un giorno sarei andato a vedere il suo luogo di nascita e rendere omaggio a questa donna che era stata in vita un esempio di carità, di amore cristiano e di operosità.

Mia nonna era la persona più altruista che io abbia mai conosciuto, si adoperava per aiutare gli altri; ha fatto la sarta per più di 50 anni, per pochi "cents" all'ora; alla sera "dopo-lavoro" tornava a casa e accudiva alle faccende domestiche e alla famiglia. Riusciva a risparmiare per aiutare gli altri nel momento del bisogno: un matrimonio, l'acquisto di una casa, una malattia non prevista, retta per l'università ed elemosina per la chiesa. A lei bastava quel tanto per vivere modestamente. Non chiedeva ricompense per la sua generosità. Nella sua umiltà e semplicità ancor oggi il suo messaggio giunge risonante: non fare nulla che sia disonorevole per la famiglia e vivi una vita piena.

Ho sempre ammirato la tenacia dimostrata dagli immigranti, ed ho provato grande rispetto per il loro coraggio. A migliaia gli italianni del sud lasciarono i loro paesi alla volta degli Stati Uniti per un viaggio senza ritorno. Costretti dalla situazione economica, talora dalle circostanze politiche o personali, spesso tagliarono irrevocabilmente i ponti col loro passato. Moltissimi non ritornarono più; chi per mancanza di denaro, chi per troppo orgoglio o un senso di colpa di essere emigrati. Scelsero di rimanere qui, e allevarono i figli con orgoglio di essere cittadini americani. Per dare prova della propria lealtà a questo paese non parlarono l'italiano in famiglia, privando così, loro malgrado, le generazioni future dell'elemento di continuità con il passato. Nel mio caso, nonna mi parlava solo in inglese, passando all'italiano quando non voleva essere capita.

Melfi

My grandmother was the most unselfish person I've ever known, endlessly working very hard for others benefit. She was a seamstress for over 50 years earning pennies per hour each day. Then at night she went home to cook, clean, and support her family. She somehow saved much of her low wages over the years and then gave it to others when they needed it most; a wedding, a down payment on a house, a medical emergency, tuition for college, a gift to her church. For herself she was content with only the basic necessities. In return for her generosity she asked for nothing. Yet in her silence and humble demeanor her message resonates to this day; do nothing to dishonor your family and make the most of your life.

I have always been impressed and puzzled by the boldness of the immigrants' transition, and respectful of the courage it demonstrates. By the thousands, Italians left the villages of Southern Italy, set sail to the United States, and never went back. They were prompted to leave by economic, political, or more personal considerations, and often broke their ties to their homeland. They did not or could not go back for financial reasons or out of a sense of shame and guilt that they had left. Yet they remained in America by choice and were fiercely proud raising their children as American citizens. To prove their loyalty to America, they often did not speak Italian in their homes, and unfortunately and unintentionally denied future generations with an important link to their past. In my case my grandmother always spoke to me in English, and used Italian when she didn't want me understanding what she was saying.

I've wondered what it was like emotionally for my great grandparents Francesco Maddalena and Maria Consiglia Masiello and their six daughters, as they irrevocably changed the course of my family's history. I know what my relatives gained by coming to America, but I wanted to see for myself what they lost or left behind. I am pleased to report that my

My first meal cooked by Gelsomina

Mi sono chiesto cosa abbiano provato i miei bisnonni Francesco Maddalena e Maria Consiga Masiello e le sei figlie, allorchè, con una decisione irrevocabile, scrissero un nuovo capitolo nella storia della loro famiglia. So ciò che i miei antenati avevano guadagnato venendo a vivere in America, ma volevo vedere con i miei occhi ciò che si erano lasciati alle spalle, e forse, perso per sempre. Sono lieto di poter scrivere che la mia visita è stata un successo, e che ho scoperto uno stile di vita facilmente invidiabile e che spinge alla riflessione profonda.

Innanzitutto, il paesaggio che da il benvenuto al visitatore è spettacolare. La Basilicata è in gran parte montuosa, attraversata da nord a sud dall'imponente appennino lucano. Infatti, tempo fà la regione si chiamava Lucania, prima che Mussolini ne cambiasse il nome in Basilicata, forse in onore dell'antico governatore bizantino "Bykanos".

Colline lussureggianti e paesini pittoreschi si susseguono in un paesaggio da favola. Poichè la regione è prevalentemente agricola, e l'industrializzazione su grande scala è pressocchè assente, l'ambiente naturale è rimasto simile a come era secoli fà, e alcune vestigie del passato sono rimaste intatte.

Isolata per le montagne impervie e per l'ubicazione all'interno della penisola che rendevano difficile comunicazioni e trasporti, la Basilicata ha avuto pochi contatti con le regioni circostanti. Il che in parte ha contribuito a proteggere questa regione dalle influenze negative quali il crimine organizzato che imperversa nel Meridione.

Venosa

La Basilicata deve la suo ricca storia a Greci, Romani, Arabi e Normanni; a secoli di feudalesimo e di contrasti; alla dolorosa eredità lasciata dal Regno delle due Sicilie; ai terremoti ed epidemie terribili; alla presenza della Chiesa cattolica. Questi fattori hanno lasciato il segno sulla cultura della regione. Segni indelebili sulla gente del luogo: fede profonda e fatalismo, generosità disarmante e superstizione.

visit was successful, for I discovered a life style that is easy to envy and impossible to walk casually away from.

First off, the scenery that greets the visitor is spectacular. Basilicata is largely mountainous, defined by the Lucanian Apennines crossing the region from North to South. In fact, the name of the region was once "Lucania", until Mussolini changed the name to Basilicata during the fascist period, presumably in deference to the ancient Byzantine governor "Bykanos"

There are endless picturesque rolling hills covered with complex vegetation, and small towns embrace the hilltops. This gives an almost fairy tale aura to the landscape. Since the economy remains largely agricultural and there has been no large-scale industrialization or exploitation of the natural ecology, Basilicata appears much as it did centuries ago, with some fine remnants of its past left intact.

Basilicata has historically been isolated from its neighbors. The impervious mountains and inland location were barriers to transportation and communication and an obstacle to further settlements. This may partially account for the fact that the area was, until recently, largely untouched by organized crime influences that were pervasive throughout much of Southern Italy.

Yet there is a rich folklore in Basilicata: the Greeks, Romans, Arabs, and Normans; centuries of feudal rule and warfare; the painful legacy of the Kingdom of Two Sicilies; devastating earthquakes and plague; the pervasive presence of the Catholic church. All these forces left their imprints on the culture. These unique historic influences manifest in the people;

Monticchio

Mia madre, Lena Schiavone Martino, ed io, nell'agosto del '96, abbiamo incontrato i nostri parenti in Basilicata, una famiglia industriosa e produttiva di cui sapevamo ben poco, sangue dello stesso sangue, discendenza diretta dal trisavolo Felice Masiello e della trisavola Concetta Franciosa.

Incontrammo un esercito di cugini e cugine, col le famiglie ed i figli, ed immediatamente siamo stati conquistati dalla sincerità e dal calore del loro affetto. Non sapevano come adoperarsi per noi. Ci mostrarono le case ancestrali, ci guidarono nella visita della città reale di Melfi, passeggiando con noi lungo le strade e per le piazze dove i nostri antenati avevano passeggiato e avevano vissuto. Ci portarono nelle campagne dove avevano lavorato la terra ed accudito gli animali; ci fecero vedere le chiese dove avevano pregato, dove si erano sposati. E noi ci scaldammo al calore dei focolari assaporando quelle stesse pietanze che avevano nutrito i miei avi immigrati.

Finalmente in quei luoghi vidi come si era sviluppata la personalità di mia nonna, la sua visione della vita. Vidi con chiarezza quanto di lei era presente e viveva in me, e come influenzasse i miei pensieri più intimi. Seppi allora che dall'alto mi stava guardando e approvava, e non so se fosse il suo sorriso a baciarmi in fronte o il caldo sole italiano della mia terra, so però che era lieta di vederci cercare nel passato, nel suo passato, e sentii che ci eravamo completamente ritrovati. Quell'estate del 96 mia nonna divenne qualcosa di più, divenne la mia più cara amica.

My mother Lena Martino at the historic Melfi Gate

Con questo libro desidero celebrare non solo la Basilicata, ma anche la cucina regionale che, come la gente di questa terra, è genuina e semplice. La cucina lucana, nata tra gente industriosa e intimamente legata alla terra, si distingue per i suoi ingredienti impeccabilmente genuini, un minimo di aromi e di spezie, e per i piatti dalla preparazione relativamente veloce. Tra le ricette qui presentate, alcune risalgono ai tempi in cui l'impera-

deeply religious, innately fatalistic, disarmingly gracious, and who believe in the power of magic.

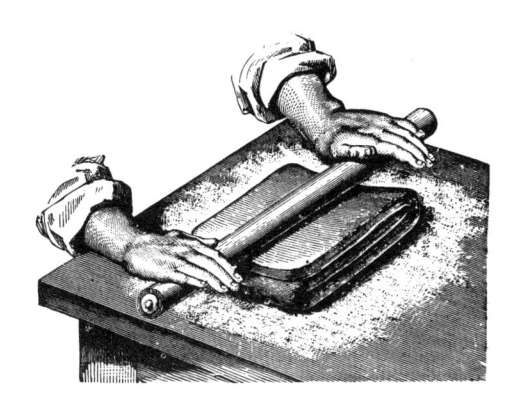

My mother, Lena Schiavone Martino, and I found a thriving family living in Basilicata, one that we knew little about before our trip there in August 1996. Their blood lines flow directly to my great great grandparents, Felice Masiello and Concetta Franciosa.

We met scores of cousins, their spouses, and their children; and immediately fell in love with their sincere warmth and humanity. They couldn't do enough for us during our visit to the royal town of Melfi. My Basilicata family showed us the homes where my ancestors were born; promenaded with us along the streets and town squares where they once socialized; brought us to the countryside where they had worked in the fields and tended to their animals; and showed us the churches where they prayed and were wed. We basked in the warm glow of their kitchens and were enticed by the same dishes my immigrant relatives were raised on.

Through all this I saw how my grandmother's personality and her attitudes about life took form. I clearly saw that much of her lives deep within me and influences the way I think and react. From above she looked down approvingly and smiled. As the brilliant Southern Italian sun radiated upon my face it was as if she was kissing my forehead; in the cool evening breeze I felt her giving me a big hug. I know she was pleased that we came searching for her and we were reunited. In that summer of 1996 she became more than my dear grandmother, we became good friends.

A typical Basilicata dinner

This book celebrates Basilicata and seeks to expand interest in a cuisine that is as honest and straightforward as the people. This is a society of hardworking individuals closely tied to the land and appreciative of its largess. Lucanian cuisine's ingredients are impeccably fresh requiring only a

tore Federico II trascorreva parecchi mesi nel Castello di Melfi. Dal momento che la cucina lucana costituisce una novità sia per il lettore americano che per quello italiano, le ricette sono presentate nelle due lingue. L'assenza di una precisione matematica nella presentazione delle ricette deve essere supplita dalla fantasia. Vi esorto a provarle, modificarle a vostro gradimento sia nelle proporzioni che negli ingredienti.

Durante il mio viaggio in Basilicata ho avuto modo di gustare tanti piatti le cui ricette sono qui riportate. Queste ricette autentiche, realizzate da mia cugina Gelsomina Cappiello Lamorte, tramandate da generazione a generazione, mi hanno fatto ricordare i pasti preparati una volta da mia nonna. Circa trent'anni fa Gelsomina aprì il Ristorante Lucano un ristorante/pizzeria gestito oggi dal figlio più giovane Vincenzo. Di recente il figlio maggiore, Alessandro, che ha raccolto le ricette presentate in questo libro, ha aperto il Ristorante Novecento, un ristorante elegante che offre una variante nouveau della cucina regionale.

La famiglia dei miei cugini coltiva frutta e verdure in grande quantità, che insieme alla pasta fatta in casa, le marmellate e i formaggi caserecci vengono serviti giornalmente ai clienti del ristorante. Un'altra prelibatezza è il vino Aglianico del Vulture che viene prodotto da loro. Purtroppo questo vino non viene esportato qui negli Stati Uniti.

Per anni il turista ha ignorato la Basilicata dirigendosi invece verso le coste e le grandi città. Ma per chi preferisce luoghi più tranquilli ed autentici, questa è il posto ideale. Difficilmente vi sarà possibile trovare gente più affabile e profondamente ospitale. Spero che questo libro incoraggi quegli Italo Americani di origine lucana a rimettersi in contatto con i familiari rimasti in Italia o per lo meno ricordare con affetto gli avi. Coloro che condividono la passione per la cucina italiana invece si diletteranno nella semplice eleganza delle ricette e pre-gusteranno il fascino che la regione Basilicata emana.

The Lamorte family vineyard

minimum of herbs and spices and quickly prepared. Some of the dishes presented here date back to the court of Emperor Frederick II when he was in residence in the Castle of Melfi seven hundred years ago. Since neither Americans or Italians are familiar with the cuisine the book is presented in both English and Italian. The recipes may not be precise enough for some, but that is part of their casual charm. I encourage you to try them, modifying the ingredients and proportions to your liking.

I ate plenty of this delightful food during my visit there, often made by my talented cousin Gelsomina Cappiello Lamorte. I was reminded of the meals I once shared with my grandmother. Gelsomina founded a restaurant and pizzeria some thirty years ago, now in the capable hands of her youngest son Vincenzo Lamorte, named Ristorante Lucano. Recently her eldest son, Alessandro Lamorte, who compiled most of these recipes, has opened an elegant restaurant named Ristorante Novecento, which serves a more nouveau cuisine of the region.

The family grows many fruits and vegetables; makes their own pastas, cheeses, and preserves; and serves them with care and pride each day. They make an excellent wine unique to the area, Aglianico del Vùlture, and market it under their own label. Unfortunately, this wine is not yet available in America.

Tourists have ignored Basilicata for the most part, opting for the more famous coastal regions of Italy and the cosmopolitan cities. Yet, for those who are in search of the more simple and genuine, this is the place to go. Nowhere will you find a more deeply rooted and affable hospitality. I hope this book gives some encouragement to Italian Americans with roots in Basilicata to reconnect with your families there or perhaps to just fondly reminisce about your grandparents. For those who have a passion for Italian food I think you will enjoy the simple elegance of the recipes; and gain a sense of the charm that awaits you in Basilicata.

Lauria

Assunta Masiello and my great grandmother Maria Consiglia Circa 1925. Assunta co-founded with her husband the Ragu Spaghetti Sauce Company from the garage of her home in Rochester, NY

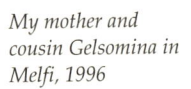

My mother and cousin Gelsomina in Melfi, 1996

The surface area of Basilicata is 3,858 square miles. If it was an American state, it would be the 48th largest, about the size of Delaware and Rhode Island combined. The physical beauty of Basilicata is defined by the landscape, which is 47% mountains, 45% hills, and 8% flat plane. The highest points belong to the Lucanian Appenines; the Pollino Massif at 7,366 feet on the Calabrian border, and Mt. Sirino, at 6,576 feet near the border of Campania.

La Basilicata ha una superfice di 3,858 miglia quadrate. Se fosse uno degli Stati Uniti, sarebbe il 48.mo per grandezza, come dire gli Stati del Delaware e del Rhode Island messi insieme. Le bellezze naturali della Basilicata derivano soprattutto dal territorio per il 47% composta da montagne, 45% da colline e 8% da pianura. Le vette piu' alte appartengono all' Appennino Lucano; il Massiccio del Pollino, 7,366 piedi, al confine calabro, il Monte Sirino, 6,576 piedi, vicino al confine con la Campania.

NOTE

The quantity of ingredients in recipes are generally for four portions. In some cases the amount of ingredients and spices are not given. You may reduce or increase the quantities by using your judgment guided by the preferences of your guests.

In some cases the English translations include additional information that is not in the Italian versions to clarify the recipes.

In translating the recipes from Italian into English the metric measurements were converted to approximate British units.

NOTA

Le quantità degli ingredienti nelle ricette si intendono generalmente per fare quattro porzioni. Di alcuni ingredienti e degli aromi, in alcuni casi, non vengono fornite le quantità: ridurre o aumentare dipende solamente dal giudizio del cuoco, che verrà incontro ai gusti dei commensali.

The wedding of Inconorata Maddalena and Francesco Schiavone December 4, 1920, Rochester, NY

LET'S START
With
ANTIPASTI or NEAR-ANTIPASTI

ANDIAMO AD INCOMINCIARE
Ovvero
ANTIPASTI O QUASI

Antipasto casalingo del melfese

Ingredienti:
Soppressata
salsiccia e prosciutto sott'olio con lampascioni
melanzane
peperoni
carciofini e funghi cardoncelli sott'olio

Il tutto accompagnato con bruschetta e rucola selvatica.

Home Made Antipasto of Melfi

Ingredients:
Sopressata (Italian dry sausage)
Cooked sausage
Prosciutto

Served by wild spring onion, eggplant, spring artichokes, and mushrooms pickled in olive oil. All to be eaten with crusty bread and arugula.

Carciofi ripieni

Ingredienti:
4 carciofi grandi
225 grammi di pane grattugiato insaporito
115 grammi di formaggio pecorino romano grattugiato
4 cucchiai di olio d'oliva

Lavare i carciofi e tagliarne le punte delle foglie. Aprire le foglie in modo da fare spazio per il ripieno. In una piccola scodella mescolare il formaggio romano con il pane grattugiato insaporito. Mettere i carciofi in una casseruola e metterti dell'acqua finché i carciofi non sono sommersi fino a metà altezza. Inserire l'impasto di pane grattugiato e formaggio tra le foglie di ogni carciofo. Versare un cucchiaio di olio d'oliva sopra ogni carciofo. Coprire e cuocere a calore medio per circa 45 minuti o finché le foglie non sono tenere. Spegnere il fornello e lasciar raffreddare. Servire abbastanza caldo e mangiare la parte delle foglie che è tenera e carnosa e il ripieno. Raspare via la barba del cuore del carciofo a mangiarne il centro tenero. Questa è la parte migliore!

Stuffed Artichokes

Ingredients:
4 large artichokes
8 oz. seasoned bread crumbs
4 oz. grated Pecorino Romano cheese
4 tbs. olive oil

Wash the artichokes and trim the tips of the leaves. Spread the leaves apart to make room for the stuffing. In a small bowl mix the Romano cheese with the seasoned bread crumbs. Place the artichokes in a casserole and fill with water until half the length of the artichokes are submerged. Insert the bread crumb and cheese mixture between the leaves of each artichoke. Pour 1 tbs. of olive oil over each artichoke. Cover and cook over moderate heat for about 45 minutes or until the leaves are tender. Turn off the burner and allow to cool down. Serve warm and eat the fleshy part of the leaves and dressing. Scrape the choke off the heart and enjoy the delicate center. This is the best part!

Lu sfruscidd

Ingredienti:
Carne di maiale tagliata a piccoli tocchetti condita con semi di finocchio peperoncino e aglio

Soffriggere con olio di oliva fino ad indorare l'aglio e servire caldo.

Basilicata has picturesque coastal areas and inland lakes. To the southwest, Basilicata faces the Gulf of Policastro (the Tyrrhenian Sea) and to the southeast the Gulf of Taranto (the Ionian Sea). There are natural lakes; at Monticchio, the two small crater lakes near Mt. Vúlture, and Lake Sirino on the western border of Mt. Sirino; and many artificial basins, such as the Lakes of San Giuliano, Gannano and Pertusillo.

La Basilicata e' ricca di zone marine pittoresche e di laghi interni. A sudovest la Basilicata si affaccia sul Golfo di Policastro (Mar Tirreno) e a sudest sul Golfo di Taranto (Mar Jonio). Ci sono laghi naturali; a Monticchio due piccoli laghi su crateri nei pressi del Monte Volturno, ed il Lago Sirino sul versante occidentale del Monte Sirino; e poi tanti laghetti artificiali: i laghi di San Giuliano, Gammano e Pertusillo.

"Lu sfruscidd"

Ingredients:
pork chops
fennel seed
hot peppers
garlic
olive oil

Cut pork chops into half inch square cubes, enliven with fennel seed, hot pepper, and garlic.

Fry quickly in hot olive oil and serve warm.

Frittelle di lampascioni

Ingredienti:
lampascioni (cipolline selvatiche)
pangrattato
farina bianca
uova
sale
pepe e olio

Lessate i lampascioni in acqua salata dopo averli ripuliti e tagliati a croce sulla base, scolateli e lasciateli intiepidire. Schiacciateli con la forchetta, strizzateli e nel pangrattato ottenendone delle frittelle che friggerete nell'olio. Servire calde.

Deep Fried Spring Pearl Onions

Ingredients:
pearl onions
bread crumbs
flour
eggs
pepper
salt
olive oil

Boil onions in salted water, after cleaning them and cutting the base of the onions with knife. Drain and let cool. Squash onions with fork and dunk them in beaten eggs. Cover the battered onions with a mixture of flour and bread crumbs, salt and pepper. Deep fry until golden. Serve warm.

La rafanata

Ingredienti:
10 gr. di radice di rafano
200 gr. di pecorino stagionato grattugiato
150 gr. di salsiccia lucana sminuzzata
150 gr. di pane di grano duro raffermo sminuzzato
1 cucchiaio di strutto
2 cucchiai di olio d'oliva
3 uova
prezzemolo
sale

Mischiare tutti i componenti fino ad ottenere un impasto cremoso. Spalmare una teglia diametro 25 con un cucchiaio d'olio, versare l'impasto e lasciar cuocere in forno a 200 gradi per circa 30 minuti. Lasciar raffreddare la torta, traferirla su di un piatto di portata, cospargerla di prezzemolo.

The Refined

Ingredients:
1/3 oz. of grated horseradish
7 oz. of mature seasoned pecorino cheese grated
5 oz. of crumbled pork sausage
5 oz. of crumbled stale wheat bread
1 tbs. of lard
2 tbs. of olive oil
3 eggs
parsley
salt

Mix all the ingredients to a creamy consistency. Spread the olive oil on a 10 inch diameter pan, pour in the mixture, and cook at about 400° for about 30 minutes. Let the tort cool down, transfer to a serving dish, and sprinkle with parsley.

Cardo fritto

Ingredienti
450 grammi di gambi di cardo
4 uova ben battute
olio d'oliva
225 grammi di farina bianca
2-3 spicchi di aglio
sale e pepe
formaggio pecorino romano

Lavare e poi tagliare i gambi di cardo in fette sottili lunghe circa 15 cm. Togliere la parte filamentosa dai gambi di cardo come si fa con il sedano. Sobbollire finché non diventa abbastanza tenero. Rimuovere il cardo dall'acqua bollente e scolarlo bene. Avvolgere il cardo in tovaglioli di carta e metterlo in frigorifero finché non si asciugata tutta l'umidità. Coprire il fondo di una padella di olio d'oliva e porla su fuoco moderato. Aggiungere l'aglio e lasciarvelo finché non si è dorato, poi toglierlo dall'olio. Immergere i pezzi di cardo nelle uova battute e poi metterle nella farina, finché non ne sono ben ricoperti. Friggerli nell'olio girandoli spesso finché non sono di un bel colore oro brunito. Condire con sale e pepe, cospargerli con abbondante formaggio pecorino romano.

Fried Cardoon

Ingredients
1 lb. cardoon stalks
4 eggs well beaten
olive oil
8 oz. white bleached flour
2-3 cloves of garlic
salt and pepper
Pecorino Romano cheese

Wash then cut the cardoon stalks into thin slices about 6 in. long. Remove any stringiness from the cardoon stalks as you would celery. Parboil until slightly tender. Remove the cardoon from the boiling water and drain thoroughly. Wrap the cardoon in paper towel and refrigerate until any remaining moisture has been removed. Cover the bottom of a skillet with olive oil and place over moderate heat. Add the garlic until golden and remove from the oil. Dip the cardoon pieces into the beaten egg and then toss them with the flour until thoroughly coated. Fry them in the oil until golden brown, turning frequently. Remove from the oil and allow to drain on paper towel. Season with salt and pepper, sprinkle generously with Pecorino Romano cheese.

MELFI

La citta' di Melfi e' adagiata su una collina di origine vulcanica ai piedi del Monte Volturno, nel nordovest della Basilicata. Nei pressi di Monticchio si trovano due laghetti pittoreschi i cui bacini sono due crateri, circondati da colline ricche di fitte foreste, uno spettacolo da non perdere. Melfi fu un insediamento romano ma divenne una citta' importante durante il Medioevo quando nel 1040 d.c., i Normanni occuparono Melfi facendone il quartiere generale durante la conquista delle vicine citta' e campagne. I Normanni costruirono il Castello di Melfi tutt'ora esistente, che divenne la residenza preferita dei Re normanni. Infatti Melfi era considerata una citta' Reale durante tutto il dominio normanno poiche' la popolazione giurava fedelta' al re piuttosto che ai feudatari.

Nel 1138, I Normanni furono sconfitti dalla famiglia tedesca Hohenstaufen la quale prese il controllo della Basilicata e di tutta l'Italia meridionale. Enrico VI (il Leone) divenne imperatore del Sacro Romano Impero. Egli e sua moglie Costanza, erede di Sicilia, diedero alla luce Federico II. Entrambi morirono e Federico', all'eta' di 3 anni fu coronato Re di Sicilia. Federico divenne imperatore nel 1220. Fece di Melfi la sua residenza ed amplio' il Castello tra il 1220 ed il 1225, aggiungendo otto torri alla struttura pre-esistente.

Melfi Castle

MELFI

Melfi rests on a volcanic hill at the foot of Mt. Vúlture in northwestern Basilicata. Nearby at **Monticchio**, there are two small picturesque crater lakes surrounded by forested rolling hills, that are well worth the visit. Melfi was a Roman settlement and became an important village during the Middle Ages, when in 1040 AD, the Normans occupied Melfi and made it their headquarters as they began conquering the surrounding countryside and towns. The Normans built the **Castle of Melfi** that stands today, which was the favorite residence of the Norman Kings. Melfi was considered a royal city during the Norman rule in that the people owed their allegiance directly to the king rather than one of his feudal lords.

In 1138 the Normans were overthrown by the German Hohenstaufen family who took control of Basilicata and the rest of lower Italy. Henry VI (the Lion) became Emperor of the Holy Roman Empire. He and his wife Constance, heiress of Sicily, gave birth to **Frederick II**. Both died when he was an infant, yet he was crowned King of Sicily at age three. Frederick was eventually crowned Emperor in 1220. He took residence in Melfi and expanded the castle between 1220 and 1225, adding eight towers to the existing structure.

Frederick II was one of the most visible figures in the Middle Ages. He was a patron of the arts and sciences and greatly expanded commerce in Basilicata. His empire grew in 1229 when he was crowned King of Jerusalem in the 5th Crusade. Yet he had a fierce struggle with Pope Innocent IV who excommunicated Frederick and declared him deposed. As the war between emperor and pope became more intense and began

Federico II fu uno dei personaggi piu' in vista del Medioevo. Fu patrono delle arti e delle scienze e fu per merito suo che il commercio nella Basilicata fiori' ed ebbe una notevole espansione. Anche il suo impero si estese nel 1229 quando fu coronato Re di Gerusalemme in occasione della quinta crociata. Ingaggio' una battaglia con Papa Innocenzo IV, il quale scomunico' Federico e lo dichiaro' deposto. Proprio quando la battaglia si intensificava ma cominciava a risolversi a suo favore, Federico mori' di dissenteria nel 1250. Con la sua morte finivano anche i giorni gloriosi dell'impero germanico e cominciava a delinearsi l'Italia degli Stati. Oggi il Castello ospita il Museo Archeologico Nazionale che contiene reperti ritrovati nella zona che datano da epoche preistorica fino ai periodi romano ed imperiale.

La stupenda e storica Cattedrale di Melfi (dedicata alla Vergine) eretta tra il 1140 ed il 1150 fu sede vescovile molto ambita nel regno. Sei pontefici romani vi hanno soggiornato. La tomba di San Teodoro e' ivi conservata. Oggi la chiesa e' in condizioni eccellenLa cucina di Melfi e' caratterizzata dall'abbondanza di cibi freschi, pasta fresca di grano duro, grande varieta' di verdure, erbe aromatiche, cipolle basilico, peperoncini vengono comunemente usate. L'agnello e il maiale sono le carni di grande consumo. I formaggi sono derivati da latte ovino. La ricotta e' squisita, sia fresca che del tipo stagionato.Le ricette contenute in questo libro sono tipiche della cucina di Melfi.Il migliore vino della Basilicata (per non dire di tutta l'Italia meridionale) proviene dai vigneti della zona Aglianico del Volturno. Questo e' l'unico vino della Basilicata che ha la certificazione D.O.C. (Denominazione di Origine Controllata). I vini Aglianico del Volturno, Amabile, Vecchio Riserva, e Spumante.

turning in Frederick's favor, he died of dysentery in 1250. With his death the great days of the German empire ended and the rise of the Italian states began. Inside the castle today is the National Archeological Museum which contains artifacts found in the area dating from prehistoric times through the Roman and Imperial periods.

There is the beautiful and historic **Cathedral of Melfi**, *that was constructed between 1140 and 1150, and was one of the most sought after bishop's seats in the kingdom. Six Roman Pontiffs visited here. The tomb of St. Theodore rests inside. Today the church, which was dedicated to the Virgin Mary, is in excellent condition and is an important center of life in Melfi.*

The cuisine of Melfi is typified by an abundance of fresh ingredients; homemade pastas of durum wheat, a wide assortment of green vegetables, and spices such as onion, basil, and chili peppers are commonly used. Lamb and pork are the most frequently used meats. The cheeses are usually derived from lamb's milk. The ricotta is delicious, either fresh or a stronger seasoned variety. The recipes in this book are typical of the Melfi cuisine.

The best wine in Basilicata (if not all of southern Italy) is grown in this area, Aglianico del Vùlture. This is the only wine from Basilicata that has received the designation "D.O.C." (Denominazione di Origine Controllata), an official certification of pure breed and quality. Wines Aglianico del Vùlture; Amabile, Vecchio, Riserva, and Spumante.

SOUPS AND PASTA DISHES
or
FIRST DISHES

MINESTRE E PASTASCIUTTE
ovvero
PRIMI PIATTI

Minestra maritata

Ingredienti:
1,500 gr. di cicorie selvatiche
mezzo osso di prosciutto
250 gr. di cotiche di maiale
un peperoncino piccante
sale
pepe e formaggio pecorino

Pulite le cicorie e lessatele. Preparate un brodo con le cotiche, l'asso e il peperoncino. A cottura delle cotiche tagliatele a dadi e aggiungete nel brodo le cicorie mantenendo il tutto sul fuoco per un altro quarto d'ora ad insaporire.

Servite la minestra ancora calda con una spolverata di formaggio pecorino.

Zuppa di lenticchie

Ingredienti:
300 gr. di lenticchie secche
3 cucchiai d'olio d'oliva
uno spechio d'aglio e un gambo di sedano tritati
200 gr. di cotenne fresche, raschiate e tagliate a pezzetti
300 gr. di pomodori pelati
sale e pepe

Mettete a bagno per 12 ore le lenticchie in acqua leggermente tiepida e scartate quelle che galleggiano. Lessatele in un litro abbondante di acqua col sal necessario.

In un tegame soffriggete nell'olio il trito d'aglio e sedano, unite le cotenne, resolatele, mettete i pomodori, aggiungete il tutto alle lenticchie e portate a cottura a 180 gradi una oretta. Servite con pepe appena macinato.

Lentil soup

Ingredients:
10 oz. dry lentils
3 tbs. olive oil
a clove of garlic and a rib of minced celery
7 oz. of bacon crisply fried and crumbled
10 oz. of peeled tomatoes
salt and pepper

Soak the lentils for 12 hours in slightly lukewarm water and discard those that float to the surface.

Boil in about a quart of salted water. In a skillet fry the oil, the garlic, and the celery. Add the bacon and the tomatoes and add the mixture to the lentils and put in the oven at 350° for about one hour. Serve with freshly ground pepper.

Married Soup

Ingredients:
3 lbs. of chicory
one small piece of ham hock
10 oz. of pork chops
one red chili
salt & Pepper
grated Romano cheese

Clean and wash chicory; quick boil and drain, then set aside.

In a large pot prepare a broth with pork chops, chili, ham hock, and salt and pepper in four cups of water. When cooked remove pork chops from broth and cut meat into little cubes. Add chicory and pork cubes to the broth, cooking for another 15 minutes.

Serve hot with a sprinkle of Romano cheese.

Cicoria in brodo di carne

Ingredienti:
500 gr. di cicoria selvantica
una carota
un gambo di sedano e una cipolla
Brodo di gallina (o di carne, bovina, o d'agnello)
$1/2$ bicchiere di olio d'oliva
50 gr. di pancetta di maiale e formaggio di pecora

Cicoria selvatica e brodo di gallina sono gli ingredienti di base di questo piatto di origine campestre.

Lavate accuratamente la cicoria selvatica e lessatela in abbondante acqua salata. Preparate ora il brodo di gallina, al quale, a metà cottura, unirete una carota, un gambo di sedano e una cipolla affettata in pezzi piccolissimi. Mettete a soffriggere in mezzo bicchiere di olio d'oliva dei di lardo o di pancetta (50 gr.) e un pò di cipolla affettata. Quando cipolla e lardo sono ben rosolati, unite la cicoria, fatela insaporire e mettetela in una zuppiera dove verserete il brodo di gallina (come variante potete usare del brodo di carne bovina o d'agnello) che condirete con formaggio di pecora grattugiato.

Orto lucano

Ingredienti:
2 melanzane
2 cipolle grosse affettate ad anelli
3 zucchine tagliate a tocchetti
2 peperoni polposi, grossi e dolci senza semi, tagliati a listarelle
2 pomodori grossi, maturi ma sodi, spellati, senza semi e spezzettati
una manciata di prezzemolo e una di basilico tritati con 2 spicchi d'aglio
8 cucchiai d'olio
sale

Lavate le melanzane, spuntatele, tagliatele a dadi, metteteli in un colapasta, cospargeteli di sale grosso e lasciateli scolare un'oretta. Nel frattempo, in una casseruola, fate appassire le cipolle nell'olio, unite quindi le zucchine, i peperoni, i pomodori e le melanzane, lavate e asciugate. Fate insaporire, rimescolando, aggiungete il trito preparato, salate e cuocete un'oretta a fuoco moderato, prima col coperchio e poi senza. Quando le verdure saranno cotte e il sugo condensato, servite.

Lucanian Garden

Ingredients:
2 eggplants
2 large onions sliced into rings
3 zucchine cut into small chunks

2 large and sweet fleshy peppers without seeds, cut into strips
2 large tomatoes, ripe but firm, skinned, seeds removed, and chopped
a handful of parsley and a handful of basil minced with 2 cloves of garlic

Wash the eggplant, remove the stem, and dice. Put into a colander and sprinkle with coarse salt and let drain for about 1 hour. Meanwhile in a sauce pan, saute the onions in olive oil. Then add the zucchine, peppers, tomatoes and eggplant (rinsed and diced). Season, mix well, adding the minced herbs, garlic, and salt. Cook about 1 hour over moderate heart, first covered them uncovered. Serve when the vegetables are cooked and the sauce thickens.

Chicory in Beef Bouillon

Ingredients:
1 lb. of chicory
1 carrot
1 celery stalk
1 onion
4 cups of beef bouillon (or chicken bouillon),
1/2 cup olive oil
2 oz. of bacon cubes (a variety that is similar to Canadian bacon)
grated Romano cheese

Chicory and bouillon are the main ingredients of this dish of farming origin.

Wash chicory well and boil in salted water. Drain and set aside.

Prepare bouillon and, when boiling, add chopped carrot, celery, and onion cut in very small pieces. Fry some onion and the bacon in olive oil until golden. Add then chicory and mix well for a couple minutes. Put in a large bowl and add bouillon. Sprinkle with grated Romano cheese and serve warm.

Spaghetti aglio olio e peperoncino

Ingredienti:
400 gr. di spaghetti
2 o 3 spicchi d'aglio
2 peperoncini
2 cucchiai di olio d'oliva
un pizzico di sale e qualche foglia di prezzemolo

Tagliate in diversi pezzi l'aglio e i peperoncini piccanti che verranno arrosolati in un tegamino con due cucchiai di olio di oliva e un poco di sale.

Cuocete gli spaghetti, scolateli al dente e metteteli in una zuppiera dove verserete l'olio e il peperoncino ben caldo, mescolate energicamente e servite (a piacere potete usare qualche foglia di prezzemolo).

The Schiavone family; Inconronata, Lena, Francesco, and Tony, 1929

Spaghetti alla trainiera

Ingredienti:
400 gr. di spaghetti
8 pomodori ben maturi
olio di oliva q.b.
basilico
sale e pepe

Pulite e tagliate i pomodori riponendoli in una padella dove saranno conditi con sale, pepe, olio e basilico.

In una casseruola colma d'acqua cuocete gli spaghetti, a cottura ultimata saltateli in padella con la salsina precedentemente preparata e servite ben caldi.

I fiumi della Basilicata scorrono veloci nei loro ampi letti. I principali scorrono giu' dalle montagne dell'Appennino Lucano e sfociano nel Mar Jonio: il Sinni, l'Agri, il Basento, il Cavone ed il Bradano. Ad occidente, il Platano ed il Noce sfociano nel Mar Tirreno.

Spaghetti with Garlic, Oil and Chili Pepper

Ingredients:
1 lb. of spaghetti (#8 size)
3 garlic cloves
2 chili peppers
2 tablespoons (or more) olive oil
a pinch of salt
some parsley

Chop garlic and chili peppers and fry until golden brown in olive oil with salt.

Cook spaghetti al dente; after draining, mix with the chili, garlic, and oil sauce. Place some fresh parsley on top to embellish, and serve.

Spaghetti Alla "Trainiera"

Ingredients:
1 lb. of spaghetti (#8 size)
8 medium size well-ripe tomatoes
olive oil
basil
salt
pepper

Wash and cut tomatoes in small cubes and put in a large frying pan with a pinch of salt, pepper, fresh basil leaves, and some olive oil. Leave uncooked.

Cook spaghetti and drain; put in frying pan with tomato mixture and cook at low heat until all is hot and well mixed. Serve.

The rivers of Basilicata are fast moving and have very wide beds. Most of the main rivers flow from the mountains of the Lucanian Apennines southeast into the Ionian Sea: rivers such as the Sinni, Agri, Basento, Cavone and the Bradano. In the western part of the region, the Platano and Noce rivers flow into the Tyrrhenian Sea.

Matera

La citta' di Matera e' situata sul lato orientale della Basilicata vicino al confine con la Puglia. La parte antica della citta' e' aggrappata su un lato di una gola e la parte nuova si estende sulla sovrastante pianura. I primi abitanti risalgono a circa 1500 ac. I Greci ed i Romani vi dominarono ,prima ,ed i Normanni e i Sabini poi. Nell'VIII secolo vi si stabilirono i monaci sfuggiti alle persecuzioni dell'Imperatore Leone II. Cominciarono a costruire case e chiese scavando grotte nella roccia friabile delle colline. Mano a mano che la popolazione aumentava, sorgevano nuovi rioni chiamati "I Sassi" (Sasso Barisano a nord, Sasso Caveoso a sud). Qui le case sono una attaccata all'altra, su stradine , ripide, interrotte da piazzette. Case, in verita', scavate nella roccia come grotte, una sull'altra come un intricato disegno a labirinto. Queste case oggi sono disabitate, ma perfettamente intatte. Nelle vicinanze si trovano 120 chiesette scavate nella roccia che risalgono al Medioevo, splendidamente affrescate.

Sasso Barisano

Sasso Caveoso

MATERA

The town of Matera is located on the eastern side of Basilicata near the Puglia border. The old part of the town clings to the side of a deep gorge, and a modern town extends over the plains above. The first inhabitants appeared there around 1,500 BC. The Greeks and Romans ruled Matera and then later the Normans and Swabians dominated. In the 8th century, monks settled in Matera, fleeing the persecution of Emperor Leone II, and began constructing dwellings and churches that were dug out of the soft rock. Gradually the settlement grew until entire neighborhoods developed, known as "I Sassi" (Sasso Barisano to the north, Sasso Caveoso to the south). Here you will find small houses packed tightly together, steep narrow streets and small town squares. The houses are actually man-made caves grouped together in maze-like fashion and some resting atop each other. The dwellings are almost completely abandoned today, but they are still intact. Nearby there are about 120 little rock-churches built in caves, beautifully decorated with medieval frescos, that date back to the Middle Ages.

Orecchiette al sugo

Ingredienti delle orecchiette:
400 gr. di farina di grano duro (semola)
sale
una uova e acqua

Ingredienti per il sugo:
un pezzo di carne di vitello
di maiale e d'agnello
400 gr, di pomodori pelati
una cipolla
basilico
peperoncino piccante
e sale

Impastate la farina con sale, un uovo e tanta acqua fino ad ottenere un composto abbastanza compatto e ben elastico che dividerete a strisce del diametro quanto un dito.

Appoggiate ad uno ad uno i pezzetti di pasta (circa un cm.) sulla cavarola e con la punta di un coltello tirate verso di voi arrotolando per poi rigirare la pasta e ottenere una specie di cappello da prete. Lasciate riposare un pò la pasta prima di cuocerla in abbondante acqua salata.

A parte preparate il sugo di carne di vitello, maiale e agnello con i pomodori pelati, qualche foglia di basilico, cipolla, sale, e un pò di peperoncino piccante il tutto cotto a fuoco lento per diverse ore.

Pronto il sugo condite le orecchiette aggiungendo a piacere formaggio pecorino (o misto) grattuggiato.

La gastronomia e' simile a quella della vicina Puglia. Ceci, lenticchie, cardi, carciofi, asparagi e piselli sono i prodotti di base. Il pane viene spesso fatto in casa come le cialde, i formaggi, freschi e stagionati, di latte ovino, incluso il caciocavallo: un formaggio delizioso di forma a pera.

The cuisine of Matera is similar to that of neighboring Puglia. Frequently used items include chickpeas, lentils, cardoons, artichokes, asparagus and peas. Some of the typical foods are home-made bread, wafters, fresh and matured cheeses from lamb's milk, including "caciocavallo", a delicious cheese characterized by its rounded shape.

Orechiette with Sauce

[Note: orechiette is a home made pasta shaped like an ear]

Ingredients for pasta:
1 lb. of semola (hard grain) flour
A pinch of salt, one egg
A little warm water

Ingredients for sauce:
A piece of veal (suggest about 1/2 lb.)
Cut into small pieces (veal can be substituted with pork or lamb)
One 14 oz. can of peeled tomatoes
One medium onion
Fresh basil
One chili pepper
About two tablespoons of olive oil

To make orechiette: mix flour with salt, water, and egg until you have a compact but elastic dough. Roll dough with rolling pin to the thickness of a finger. Cut into strips about 1/2 inch wide. Cut the strips of dough into 1/2 inch pieces. Round each piece on the point of a knife. Set aside while you prepare the sauce.

To make the sauce: In a frying pan brown the onion and chile pepper in olive oil. Add veal and peeled tomatoes and cook at low heat for an hour or longer (veal should be well done). Cook pasta al dente, toss with sauce, and sprinkle with Romano or parmesean grated cheese.

Quattro dita con le rape

Ingredienti per la pasta:
400 gr. di farina di grano duro
un pizzico di sale e acqua

Ingredienti per il condimento:
200-300 gr. di cime di rape
olio d'oliva
peperoncino piccante e uno spicchio d'aglio

Impastate la farina di grano duro con un pizzico di sale e dell'acqua calda ma non bollente; ricavate dei lunghi cilindri di un cm. di diametro che tagliate a pezzetti. Appoggiate sulla spianatoia uno per uno i pezzetti di pasta e premendo con le quattro dita strascinate verso di voi ottenendo dei gnocchetti cavi.

Insaporite in un tegame le cime di rape cotte e strizzate con l'olio di oliva, il peperoncino piccante e l'aglio e versate il tutto sopra la *pasta*.

Matera

Si Consigliano i vini;

Vini Bianchi:
Bombino Bianco
Malvasi Bianca di Basilicata
Trebbiano Toscano

Vini Rossi:
Aglianico Aglianicone
Bombino nero
Ciliegiolo
Malvasia Nera di Basilicata
Montepulciano
Sangiovese

Matera

Recommended Wines:

White Wines:
Bombino Bianco
Malvasi Bianca di Basilicata
Trebbiano Toscano

Red Wines:
Aglianico Aglianicone
Bombino nero
Ciliegiolo
Malvasia Nera di Basilicata
Montepulciano
Sangiovese

Home-made Pasta with Broccoli Rabe

Ingredients for pasta:
1 lb. of semola flour
A dash of salt
A little hot water.

Ingredients for sauce:
1/2 lb. of broccoli rabe
olive oil
1 chili pepper
1 garlic clove

To make pasta: mix flour and hot water to make a fairly solid dough. Form dough into cylinder-like rolls about 1.2 inch in diameter. Slice rolls into small pieces about 1/4 inch long. Using thumb, shape each slice into a concave shape. Set aside.

To make sauce: In a frying pan warm oil with chili pepper and cut garlic clove. Quick boil broccoli rabe in a separate pot; drain and then place into the frying pan with the pepper and garlic and cook for about 3-4 minutes. In a separate pot cook the pasta al dente and drain. Toss rabe mixture with pasta and serve.

Lagane e noci

Ingredienti:
400 gr. di farina di grano duro
200 gr. di noci
pomodori rossi maturi
olio d'oliva
basilico
aglio
peperoncino piccante e sale.

Popolarissime in tutta la Basilicata le lagane sono simili a larghe tagliatelle.

Impastate la farina con l'acqua tiepida necessaria fino ad ottenere una pasta liscia e consistente, stendetela con il matterello ricavando una sfoglia sottile, che asciugata un poco sarà tagliata a fettucine larghe un cm.

Preparate una salsina imbiondendo uno spicchio d'aglio e il peperoncino nell'olio, quindi aggiungete i pomodori, il basilico e un pizzico di sale e cuocete a fuoco lento insieme alle noci sgusciate.

Nel frattempo mettete le lagane a bollire in abbondante acqua salata e scolatele al dente.

In una terrina versate la pasta e condite con la salsa e le noci. Lasciate riposare poco e servite.

> *La regione lucana e' incantevole anche per le sue numerose citta' e per i suoi paesini. Con 603,000 abitanti la Basilicata si pone al terz'ultimo posto (solo il Molise e la Valle d'Aosta hanno una popolazione inferiore). La popolazione e' ben distribuita sulle 131 localita', dando cosi' un densita' demografica che e' circa il 30% della media nazionale.*

> The region is charming because of the many quaint towns and villages. The population of 603,000 makes Basilicata the third smallest region in Italy (only Molise and Val d'Aosta have fewer people). The people are dispersed among 131 municipalities, giving the region a very low population density that is about 30% of the Italian average.

Lagane and Walnuts

Ingredients:
1 lb. semola flour
1/2 lb. shelled walnuts
4 medium size ripe tomatoes
olive oil
fresh basil
1 chile pepper
salt

Lagane, very popular in the Basilicata region, are home-made wide pasta strands.

To make pasta: mix flour with lukewarm water, roll into a thin pizza-like dough sheet. After letting it dry a while, cut into 1/2 inch wide noodles.

To make the sauce: warm olive oil in frying pan and add the garlic and chili peppers, cut into pieces, until golden. Add chopped tomatoes, walnuts cut into small pieces, and basil. Cook on low heat for about 20 minutes. Set aside.

Cook lagane al dente and drain.

In a bowl mix lagane with sauce and set aside for about 5 minutes, then serve.

Craviuli con la ricotta

Ingredienti per la pasta:
700 gr. di farina
4 uova
un pizzico di sale e acqua tiepida q.b

Ingredienti per l'impasto:
350 gr. di ricotta
2 uova intere
100 gr. zucchero
prezzemolo
4 cucchiai di pecorino grattugiato
cannella e chiodi di garofano

Lavorate la ricotta le due uova intere, prezzemolo tritato e 4 cucchiai di pecorino grattugiato e chiodi di garofano, sino ad ottenere un impasto ben amalgamato.

Con la farina, le uova, il sale e l'acqua tiepida preparate una pasta morbida. Dividetela in pezzi e spianatela facendo delle sfoglie sottili. Distanziandoli di qualche centimetro.

Create con il ripieno dei mucchietti, che disporrete su una sfoglia, o che coprirete con un'altra sfoglia, premendo bene tutt'attorno ai singoli mucchietti, in modo da saldare bene la pasta.

Tagliate i ravioli, utizzando il bordo di un bicchiere, lasciate che asciughino un poco, poi lessateli e conditeli con ragù e formaggio.

Il Parco Nazionale Del Pollino

Il Parco Nazionale del Pollino si estende lungo le montagne dell'Appennino tra i Mari Tirreno e Jonio. Il Pollino fu dichiarato parco nazionale nel 1923, ed e' uno dei piu' grandi d'Italia. Alcune vette toccano i 6,000 piedi di altezza con degli altipiano, rari per quell'altezza, grandi distese erbose che in primavera si ricoprono di fiori (narcisi, viole gialle e blue, etc.) E' una vasta zona incotaminata, con specie di animali e vegetazione rari; qui si trova l'aquila reale, il capriolo, il falcone, il cinghiale ed il pino loricato una specie di pino originario della Corsica, che raggiunge alcune centinaia di piedi, le cui radici si spingono nella roccia di limo, ed il vento modella i tronchi in forme suggestive. Il Pollino e ricco di foreste, depositi glaciali e di intricati sistemi di grotte. Scavi archeologici hanno portato alla luce reperti che risalgono alla colonizzazione greca. Insediamenti di popolazioni albanesi che tutt'ora si distinguono per costumi, linguaggio e tradizioni risalgono al XV secolo.

The Pollino National Park

The Pollino National Park lies in southern Appennine mountains between the Tyrrhenian and Ionian seas. Pollino was established as a national preserve in 1923, and is among the largest in Italy. There are peaks which rise over 6,000 ft. and massive pastures at unusually high elevations that are covered with flowers. This is a vast uncontaminated area with many rare animal and plant species. Here you will find the royal eagle, roe deer, falcons, and wild boar; and the "pino loricato"(a species of Corsican pine) which grows to a height of several hundred feet, and their roots are embedded in limestone rock. The wind gives the trees a distinctive twisted shape and unmistakable beauty. In Pollino you will also see immense forests of beechwood trees, glacial deposits, and cave systems. You can visit archaeological sites dating back to Greek colonization. There are Albanian communities who have retained their original customs, dress, language, and traditions that date back to the 15th century.

Craviuli with Ricotta

Ingredients for pasta:
1 1/2 lbs. of semolina flour
4 eggs
a dash of salt
some warm water

Ingredients for filling:
mix together and set aside
3/4 lb. of ricotta cheese
2 eggs
1/4 lb. of sugar
4 tablespoons of grated pecorino cheese
some chopped parsley
a dash of cinnamon

To make pasta: Blend the ingredients to form a bread-like dough. Roll dough pieces into two thin sheets. On one sheet of dough place teaspoon full mounds of the ricotta mixture a couple of inches apart, until the sheet is covered with rows of the ricotta. Cover this sheet of dough with the second sheet of dough. Press the dough gently with fingers until the dough around each mound of filling is sealed. Cut each mound with either a knife or the edge of a small glass, and let the cravioli dry for a while.

Cook until al dente and serve with any kind of tomato sauce, top with grated cheese.

Macquarnara con la rucola

Ingredienti:
400 gr. di farina (o semola)
un uova e acqua tiepida q.b.

Ingredienti del sughetto:
300 gr. di rucoletta selvatica
50 gr. di pancetta
3 pomodori rossi maturi
uno spicchio d'aglio e un peperoncino piccolo

Preparate l'impasto con farina, uova, un pizzico di sale e acqua sufficiente. Dopo aver ottenuto un impasto ben compatto lasciate riposare per un quarto d'ora.

Spianate la pasta con un matterello, tagliandola a fette di quattro dita che a loro volta con lo speciale matterello rigato taglierete come grossi spaghetti.

Nel frattempo pulite la verdura e lessatela, mentre in una padella farete soffriggere la pancetta tagliata a dadi con l'aglio e il peperoncino. Indi aggiungete i pomodori e la rucola e lasciate cuocere per un buon quarto d'ora. Dopo aver cotto la pasta condite e servite ben caldo.

MARATEA

Maratea e' situata a picco sul mare, lungo la costa rocciosa tirrenica a sud della Basilicata. E' una incantevole cittadina di villeggiatura per tantissimi turisti provenienti da tutte le parti del mondo. Vi sono trenta piccole localita' di villeggiatura lungo la costa, nelle vicine valli e sulle montagne circostanti. I villaggi mantengono tutti la loro caratteristica originaria e sono localita' fuori dai percorsi del turismo di massa. Ogni paese racconta la sua storia: Lauria, per esempio, protetta dalle montagne, si presenta al visitatore con un aspetto maestoso; Senise, e' tranquilla e silenziosa; Latronico, per una visita alle terme con le sue sorgenti di acque minerali; Rotonda, all'entrata del Parco del Pollino e, ancora, Lagonegro dove si dice sia vissuta la Gioconda immortalata da Leonardo. Questa striscia di Maratea offre ai "raffinati" del turismo l'opportunita' di venire a contatto con la storia, l' arte le tradizioni e l'eccellente cucina, di una parte della Basilicata di incomparabile bellezza, senza grandi spostamenti.

MARATEA

Maratea lies along the steep and rocky Tyrrhenian coast in southern Basilicata. This is a lovely seaside resort that is visited by people from around the world. There are thirty little villages in the area along the coast, in valleys, and atop nearby mountains. Each village is unspoiled and secluded, with its own unique story to tell: **Lauria**, for example, sheltered by mountains has an almost majestic air to it; **Senise**, peaceful and settled; **Latronico**, where you can rest at the spa with mineral water springs; **Rotonda**, at the entrance to the Pollino park; or **Lagonegro**, where it is said that Leonardo's Mona Lisa lived. This small strip of Maratea offers tourists an opportunity to explore the rich history, art, traditions, and excellent cuisine of a remarkably charming section of Basilicata, without having to travel far.

Macquarnara with Arugula
(Note: Macquarnara is a thick homemade spaghetti.)

Ingredients for pasta:
1 lb. of semola flour
1 egg
some warm water

Ingredients for sauce:
12 oz. of arugula
2 oz. of bacon
3 medium ripe tomatoes
1 garlic clove
1 chili pepper
some olive oil.

Mix flour, egg, salt, and sufficient warm water to prepare the pasta dough. Let it rest for 15 minutes. Roll dough thin and cut into thin noodles, like oversized spaghetti.

Meanwhile wash arugula and quick boil it. Drain it and set aside. In a frying pan, warm oil and cook garlic, chili, and bacon. When golden, add chopped tomatoes and arugula. Cook for 15 minutes at low heat.

Cook pasta al dente, drain and toss with sauce. Serve warm.

POTENZA

Potenza sorge nella Basilicata nordorientale, su colline prospicenti la valle del fiume Basento. E' il capoluogo di provincia piu' alto delle province italiane, seconda solo ad Enna, in Sicilia. I Romani fondarono una colonia su questa collina chiamata Piceni, nel secondo secolo a.c. Purtroppo Potenza si trova in area sismica ed e' soggetta a terremoti. Il piu' recente, nel 1980, ha causato danni ingenti. Nelle vicinanze, sul versante destro del fiume Basento, vicino alla citta' di Trivigno, sorgono le incantevoli Dolomiti Lucane; una piccola catena montousa con le sue vette a guglie che si stagliano nel cielo. Lo spettacolo che si ha davanti e' da mozzafiato: una vegetazione lussureggiante foreste, fiori e piante come la valeriana e viole che sbocciano tra le rocce.

Potenza vanta anche dei bei monumenti tra i quali la cattedrale di San Geraldo del XII sec., le chiese di San Francesco, XIII sec., di San Michele, XII sec., di Santa Maria, XIII sec.
La cucina di Potenza e molto interessante. Molti piatti pronti di carni e prodotti del latte, gran varieta' di pasta, famosi gli "strascinati ai ravioli" (ravioli fritti in olio e aglio), e pasta fatta in casa per lasagne, maccheroni e tante salse per condirla. si fa anche un pecorino forte derivato da latte di capra. Vini bianchi consigliati: Asprino Bianco, Bombino Bianco, Fiano, Malvasia Bianca di Basilicata, e Trebbiano Toscano. Vini rossi: Aglanicone, Aleatico, Bombino Nero, Montepulciano, Ciliegiolo, e Sangiovese.

Pepperoni rossi ripieni di melanzane

Ingredienti:
6 peperoni rossi
1 melanzana grande o 2 piccole
aglio
pepe
pane grattugiato insaporito
basilico fresco
1 o 2 uova
parmigiano grattugiato

Tagliare la parte superiore dei peperoni e toglierne tutti i semi. Mettere da parte la sommità dei peperoni. Sbucciare le melanzane, tagliarle a metà e toglierne i semi. Tagliare le melanzane a pezzetti di 1 cm l'uno. Cuocerle leggermente al salto per renderle più morbide. In una scodella mescolare insieme l'aglio, il pepe, il basilico, il pane grattugiato e il parmigiano. Aggiungere le melanzane a pezzettini, mescolare bene e poi aggiungervi una o due uova, a seconda della consistenza dell'impasto. Deve essere bene impastato insieme. Se non è impastato a sufficienza, aggiungere dell'altro pane grattugiato. (È anche buona norma lasciar raffreddare un poco le melanzane al salto prima di mescolarle con le uova). Riempire i peperoni con l'impasto per circa due terzi. L'impasto aumenta un poco di volume durante la cottura. Se si vuole, rimettere sui peperoni la parte superiore che era stata tagliata tenendola ferma con stuzzicadenti, o piccoli spiedini o spago da cucina. Oliare leggermente una teglia di vetro da forno. Mettere in forno a 180°C. Controllare dopo 20 o 30 minuti. Man mano che la pelle si iscurisce, usando una spatola o delle pinze girare i peperoni con molta attenzione. Cuocere in forno per altri 20 o 30 minuti, a seconda di come si preferisce la buccia dei peperoni: scura o meno scura. Se sembra che si scurisca troppo, coprirla con foglio di alluminio.

Red Peppers Stuffed with Eggplant

Ingredients:
6 red peppers
1 large or 2 medium eggplants
garlic
pepper
seasoned bread crumbs
fresh basil
1 or 2 eggs
grated parmesan cheese

Cut the top off of the pepper and clean out the seeds. Save the tops of the peppers.

Peel skin off of the eggplant, cut open, and remove the seeds. Chop the eggplant into _" pieces. Sauté lightly, to get the "rawness" out. In a bowl, mix together the garlic, pepper, basil, bread crumbs and the parmesan. Add the chopped eggplant, mix well, then add either one or two eggs, depending on the consistency of the mix. It should hold together well. If it is too loose, add more bread crumbs. (It is also best to let the sautéed eggplant cool down a bit before mixing with the egg.) Stuff the peppers with this mixture about two thirds full. The stuffing will expand a bit while baking. Put the tops back on the peppers if you wish, using either toothpicks, small skewers of kitchen twine. Lightly oil a glass baking dish. Bake at 350°. Check after 20 or 30 minutes. As the skin darkens, carefully turn the stuffed peppers over with tongs or a spatula. Bake another 20 to 30 minutes, depending on how dark you prefer the pepper skin. If it seems to be blackening too much, cover with foil.

POTENZA

Potenza is in northwestern Basilicata, on hills overlooking the valley of the Basento river. It is the highest chief town in the Italian provinces, second only to Enna in Sicily. The Romans first founded a colony on this site known as **Piceni** in the 2nd century BC. Potenza has suffered from being located in a seismic area, and has been seriously damaged. The most recent earthquake was in 1980. Nearby, rising on the right side of the Basento river near the town of **Trivigno**, one must see the **Lucanian Dolomites**; a small chain of mountains which rise up into the sky like needles with rugged peaks. There you will see many beautiful species of trees and flowers; such as the thick woods of hornbeam trees, and plants such as the valerian and pansy that blossom on bare rocks.

There are a number of fine monuments in Potenza, including: the cathedral of St. Gerald (12th century); the churches of St. Francis (13th century), St. Michael (12thy century), and St. Maria (13th century).

The cuisine of Potenza is very interesting. There is a large variety of prepared meat and dairy products; and a lot of pasta dishes, such as "strascinati ai ravioli" (ravioli fried in oil and garlic), and other home-made lasagna and macaroni dishes, with numerous sauces to top them off with. They make a nice strong pecorino cheese made from ewe milk.

Recommended white wines: Asprino Bianco, Bombino bianco, Fiano, Malvasia Bianca di Basilicata, and Trebbiano Toscano. Red wines: Aglianicone, Aleatico, Bombino Nero, Montepulciano, Ciliegiolo, and Sangiovese.

Strascinati con ricotta e salsiccia

Ingredienti per la pasta:
400 gr. di farina di grano duro
un pizzico di sale e acqua tiepida

Ingredienti dell'impasto:
300 gr. di ricotta
150 gr. di salsiccia
formaggio pecorino grattugiato
prezzemolo
sale e pepe.

Impastate la farina con il sale e l'acqua ottenendo un impasto compatto e ben elastico che dividerete a strisce del diametro di un dito.

Tagliate le strisce a pezzetti di un centimetro e cavateli con il dito.

La salsiccia dovrà essere tagliata a pezzettini e messa a soffriggere in una padella, tolta dal fuoco vi si aggiunge al soffritto la ricotta che verrà mescolata con un cucchiaio di legno. Ora aggiungete il formaggio, il sale, pepe e il prezzemolo.

Il composto così ottenuto servirà a condire gli strascinati lessati.

Pasta con pisellini novelli

Ingredienti:
450 grammi di pisellini novelli
225 grammi di pasta orecchiette
170 grammi dell'acqua della pasta
3 cucchiai di olio d'oliva
1 cipolla piccola dolce tagliata a dadini
1 spicchio di aglio schiacciato
formaggio pecorino romano
sale e pepe

In una padella riscaldare l'olio d'oliva e aggiungere l'aglio. Aggiungere la cipolla e cuocere a calore medio finché la cipolla non diventa semitrasparente. Aggiungere i pisellini e mescolare bene finché tutti i piselli non sono ricoperti dagli ingredienti. Versare acqua sufficiente a coprire appena i piselli e continuare a cuocere per circa 10 minuti. Intanto, in una pentola separata cuocere la pasta e scolarla. Aggiungere i piselli alla pasta in un piatto di portata. Aggiungere sale, pepe e infine il formaggio romano.

Baby Peas with Pasta

Ingredients:
16 oz. petite baby peas
8 oz. orecchiette pasta
6 oz. of the pasta water
3 tbs. olive oil
1 small sweet onion diced
1 clove minced garlic
Pecorino Romano cheese
salt and peper

In a skillet warm the olive oil and add the garlic. Add the onion and cook over medium heat until the onion is translucent. Add the peas and stir until all the peas are well coated with the mixture. Pour in enough water to barely cover the peas, and continue cooking for about 10 minutes. Meanwhile in a separate pot cook the pasta and drain. Combine the pasta with the mixture into a serving dish. Add salt and pepper and top with Romano cheese.

Strascinati with Ricotta and Sausage

[Note: Strascinati is a home-made pasta that is concave shaped.]

Ingredients for pasta:
1 lb. of semola flour
a dash of salt
warm water

Ingredients for sauce:
12 oz of ricotta cheese
5 oz of Italian sausage
parsley, pepper
salt
grated Romano cheese
3 tbs. of olive oil

Mix flour, salt, and water to make a compact yet elastic dough. Roll to the thickness of a finger and cut in strips 1 inch wide. Cut each strip into pieces 1/2 inch long, and with a finger squash each piece in it's center. Put pasta aside.

Cut sausage into small pieces and fry until well cooked. Turn off the heat. Mix ricotta, grated Romano cheese, parsley, and pepper, with the sausage. Warm the mixture at low heat.

Cook pasta al dente, drain, and toss with ricotta-sausage sauce. Serve hot.

Maratea

Pasta con le acciughe

Ingredienti:
450 grammi di spaghetti (misura n. 8)
225 grammi di acciughe marinate in olio d'oliva
un po' di capperi
115 grammi di pane grattugiato insaporito
1 spicchio di aglio schiacciato
sale e pepe
formaggio pecorino romano

Tagliare i filetti di acciughe in striscioline sottili e metterle in una padella su calore medio. Aggiungere l'aglio e i capperi e cuocere finché le acciughe non soffriggono. Aggiungere il sale e il pepe secondo il proprio gusto. Abbassare la fiamma e far cuocere a fuoco lento. In una padella separata, riscaldare il pane grattugiato a fiamma bassa, mescolando di frequente, finché il pane grattugiato non si è leggermente imbrunito, poi metterlo da parte. Cuocere la pasta al dente. Scolare la pasta e serbare circa 225grammi dell'acqua in cui è stata cotta la pasta. Aggiungere la pasta alle acciughe e mescolare bene, aggiungendo l'acqua a poco a poco, finché la miscela non diventa leggermente brodosa. Stare attenti a non aggiungere troppa acqua o troppo poca! Mettere la pasta in un piatto di portata e cospargerla di pane grattugiato imbrunito e di un poco di formaggio romano.

Pasta with Anchovies

Ingredients:
1 lb. spaghetti (#8 size)
8 oz. anchovies marinated in olive oil
some capers
4 oz. seasoned bread crumbs
1 clove minced garlic
salt and pepper
Pecorino Romano cheese

Cut the anchovie fillets into thin strips and place in a skillet over moderate heat. Add the garlic and capers and cook until the anchovies are sizzling. Add salt and pepper to taste. Lower the heat and simmer. In a separate skillet warm the bread crumbs over low heat, stirring frequently, until the bread crumbs are lightly browned, then put to the side. Cook the pasta al dente. Drain the pasta and save about 8 oz. of the water that the pasta was cooked in. Add the pasta to the anchovies and toss well, gradually adding the water until slightly soupy. Be careful not to add too much or too little water! Place the pasta onto a serving platter and sprinkle the browned bread crumbs and a little Romano cheese.

Fusilli with Cardoon

(Note: Fusilli is a spiral shaped short pasta. Cardoon is a long vegetable resembling celery stalks that is in the artichoke family.) Artichoke hearts may be substituted for the cardoon.)

Ingredients:
1 lb. of fusilli
1 lb. of cardoon
2 oz of prosciutto ham
3-4 ripe tomatoes
1 clove of garlic
1 chili pepper
a dash of salt
and three tablespoons of olive oil

In a frying pan warm oil and fry the ham (cut in small pieces), the chopped tomatoes, and the chopped chili pepper. Set aside. Clean and boil the cardoon in a separate pot until almost tender. Add to the frying pan mixture and cook at low heat for 20 minutes. Meanwhile, cook fusilli al dente. After draining, toss with sauce and serve.

Fusilli con i cardi

Ingredienti:
400 gr. di fusilli
400 gr. di cardi
50 gr. di prosciutto
pomodori
aglio
peperoncino
e sale

Pulite e lessate i cardi. Soffriggete il prosciutto tagliato a dadini con l'aglio, il peperoncino, i pomodori, e il sale.

Cuocete il tutto per 20 minuti. Dopo aver cotto la pasta, conditela.

MEAT and FISH DISHES
or
MAIN DISHES

CARNI e PESCE
ovvero
SECONDI PIATTI

Galletto ripieno

Ingredienti
un galletto ruspante

Ingredienti per il ripieno:
frattaglie del galletto
2 uova, pane raffermo
800 gr. di salsa di pomodori
formaggio pecorino
prezzemolo
aglio
olio di oliva
sale e pepe

Pulite per bene il galletto e fiammeggiatelo.

Preparate l'impasto per il ripieno, soffritte con l'uovo, il formaggio, il prezzemolo, la mollica del pane sbriciolata, l'aglio, il sale e il pepe.

Riempite il galletto e cuocetelo nell'olio fino a farlo indorare.

Ora aggiungete la salsa di pomodori e tenetelo a cuocere in una casseruola per circa un'ora.

Separate il sughetto per poterlo utilizzare nel condire la pasta fatta in casa (orecchiette, strascinati, macquarnara).

Ragù lucano

Ingredienti:
600 gr. di polpa di maile (una fetta ben battuta)
aglio
un ciuffo di prezzemolo
pepe
60 gr. di pancetta tesa affettata
50 gr. di pecorino (metà grattugiato, metà a pezzettini)
un pizzico di cannella o una grattugiato di noce moscata
50 gr. di lardo battuto (o 5 cucchiai d'olio)
mezzo bicchiere di vino rosso
300 gr. di pomodori da sugo pelati e senza semi
sale

Tritate un paio di spicchi d'aglio col prezzemolo, cospargete con questo trito la feta di carne,pepate, stendetevi la pancetta e terminate con pecorino grattugiato e a pezzettini e, con la cannella. Arrotolate la carne e lagatela con un filo incolore. In una casseruola soffriggete, nel grasso scelto uno spicchio d'aglio, toglietelo, fate rosolare la carne e bagnatela col vino; appena consumato, salate, pepate e aggiungete i pomodori e un mestolino di acqua calda. Portate a cottura a fuoco basso col coperchio. Con la salsa, condite la pasta e servite la carne come secondo piatto.

Lucanian Sauce

Ingredients:
28 oz. of lean pork thinly sliced
garlic
a bunch of parsley
pepper
2 oz. of chopped Italian bacon
about 2 oz. of Pecorino Romano cheese; half grated, half in tiny pieces
a pinch of cinnamon or grated nutmeg
about 2 oz. of minced lard or 5 tbs. of olive oil
a glass of red wine
about 10 oz. of peeled tomatoes with the seeds removed
salt

Mince 2 garlic cloves with parsley and sprinkle this mixture over the slices of pork and season with peper, pancetta bacon, the grated and chopped cheese, and the cinnamon or nutmeg. Roll up the meat and tie with kitchen twine or white thread. In a sauce pan saute in olive oil a pinch of garlic and brown the meat. Add the wine. Season with salt and pepper, add the tomatoes and a small amout of warm water. Cook covered over low heat. Mix the sauce with pasta and serve as a main course.

Stuffed Chicken

Ingredients:
a young chicken

Ingredients for the stuffing:
chicken liver
2 eggs
some pieces of hard bread
16 oz. of tomato sauce
some grated pecorino cheese
some parsley
salt and pepper
some chopped garlic
and olive oil

First, clean and wash the chicken and brown it in a pan with hot olive oil until golden, and set aside.

Chop the chicken liver. In a separate frying pan fry well in a little olive oil, then set aside. Mix the liver with the eggs, cheese, parsley, garlic, salt and pepper, and hard bread chopped into small pieces. Stuff the chicken and let it cook a little longer in its pan. Add the tomato sauce. Cover and cook slowly for about one hour. The sauce may be used on pasta or served with the chicken.

Piccione ripieno

Ingredienti:
4 piccioni piccoli
2 uova
pane grano duro
10 pomodori maturi
formaggio
un bicchiere di vino secco
pinoli
uva passita
aglio
prezzemole
sale e pepe

Svuotate i piccioni e passateli sul fuoco. Le frattaglie fatele in padella.

Versate il soffritto in una scodella mescolandolo con il pane sbriciolato, il formaggio grattugiato, il prezzemolo tritato, l'aglio, i pinoli, e l'uva passita, il sale e il pepe.

Con l'impasto ottenuto riempite i piccioni, avendo poi, cura di chiudere con del filo.

Mettete i piccioni in una padella con l'olio e indorateli cospargendoli di tanto in tanto con il vino, infine aggiungete i pomodori e il sale (un pizzico) e portate a ebollizione.

Il sughetto ricavato è ottimo per condire la maccheronata.

Testine di agnello al forno

Ingredienti:
2 testine di agnello
4 cucchiai colmo di pangrattato
abbondante prezzemolo tritato
4 pizzichi di origano
pecorino grattugiato
olio d'oliva
sale

Lavate molto bene le testine, asciugatele, togliete la cartilagine che c'è in basso, lasciate occhi e lingua e tagliatele a metà per il lungo e tagliata a metà per il lungo. Disponetele in una teglia da forno unta con la parte tagliata verso l'alto, cospargetene la superficie e le cavità con pangrattato, prezzemolo, origano, pecorino, sale e pepe; irrorate il tutto con olio. Infornate e 230 gradi per un'oretta.

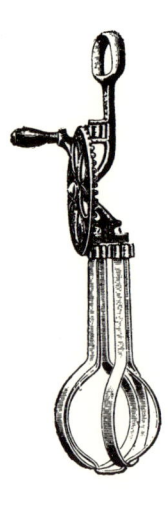

Baked Head of Lamb

Ingredients:
2 lamb heads
4 heaping tbs. of breadcrumbs
a large bunch of minced parsley
4 pinches of oregano
grated Pecorino Romano cheese
olive oil
salt

Wash very well the lambs heads, dry them, remove the cartilage, remove the eyes and tongue, and cut the heads in half length wise. Place in greased baking pan cut side up. Spread inside and outside the heads the breadcrumbs, parsley, oregano, cheese, salt and peper; sprinkle oil over all. Bake at about 415° for one hour. Serve on a warm platter.

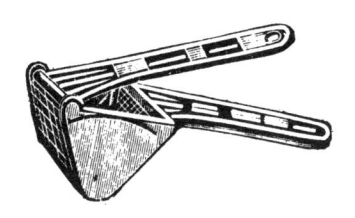

Stuffed Pigeons

Ingredients:
4 young pigeons
2 eggs
some hard bread
10 ripe tomatoes
cheese
a glass of dry white wine
some pine nuts
some dry raisins
chopped garlic
parsley
salt and pepper
some olive oil

Clean and wash the pigeons, removing their entrails.

Chop their entrails and fry in olive oil. Set aside. Quick fry (brown) the pigeons in olive oil. Set aside. Prepare stuffing by mixing fried entrails, the bread cut in pieces, some grated cheese, cut parsley, chopped garlic, pine nuts, raisins, salt and pepper. Stuff pigeons and sew their back with some string. Put the pigeons in a frying pan and fry slowly until golden, dashing them with the dry wine.

Finally add the chopped tomatoes, a dash of salt, and boil slowly for a little while. Serve. The sauce may be used on macaroni or served with the pigeons.

Soffritto d'agnello

Ingredienti:
frattaglie d'agnello (o di pollo o di maiale)
4 pomodori rossi maturi
uno spicchio d'aglio
un peperoncino piccante
sale e pepe
olio d'oliva

Rosolate in olio d'oliva l'aglio con il peperoncino piccante, aggiungete le frattaglie di agnello (o pollo o maiale) tagliate a pezzetti friggendo rapidamente. A cottura quasi ultimata aggiungete dei pomodori pelati maturi.

Dopo una ulteriore breve cottura fatta rimestando il tutto, servite caldo.

Agnello al forno con patate

Ingredienti:
1 kg. di agnello
4 pomodori maturi
aglio
prezzemolo
olio
formaggio
sale e pepe
1 kg di patate

Tagliate a pezzi l'agnello. Pulite le papate e affettatetele a tocchetti condendole con il sale, il pepe, l'aglio, il prezzemolo e il formaggio.

Schiacciate i pomodori in una teglia, disponendo prima uno strato di patate, poi l'agnello, e coprite con il resto delle patate. Aggiungete un filo d'olio e mettete a cuocere nel forno.

TARRAGON   SAGE   MINT

Fried Lamb Entrails

Ingredients:
Lamb entrails (or chicken, or pork)
4 ripe tomatoes
1 garlic clove
1 chili pepper
salt and pepper
olive oil

Chop garlic clove and fry in olive oil until golden. Chop the entrails in small pieces and add to the garlic, frying them quickly.

Add chopped tomatoes, mix and cover for a few minutes. Serve hot.

Broiled Lamb and Potatoes

Ingredients:
2 pounds of lamb
4 ripe tomatoes
some garlic
parsley
cheese
salt and pepper
olive oil
2 lbs of potatoes

Cut lamb into bite-sized pieces; peel and cut potatoes into small cubes, sprinkling with salt, pepper, chopped parsley, chopped garlic, and grated cheese. Cut tomatoes into thin slices and place at bottom of a broiling pan. Add a layer of potatoes on top of the tomatoes, then a layer of lamb pieces, and another layer of potatoes. Sprinkle all with olive oil. Place in oven and cook at 370 degrees for 30 minutes or until done.

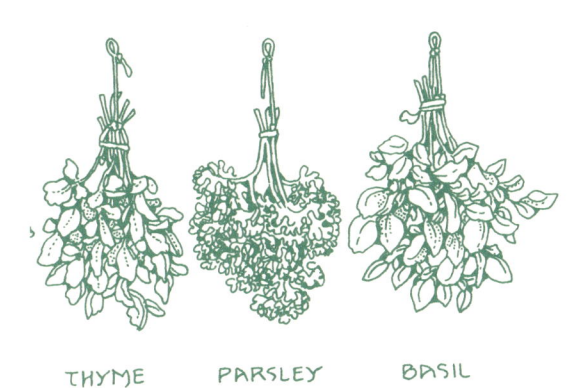

THYME   PARSLEY   BASIL

Pancetta d'agenello pipieno e involtini al sugo

Ingredienti:
2 pancetta d'agnello
4 fette di carne di vitello (per gli involtini)
2 uova
pane raffermo
800 gr. di salsa di pomodori
aglio
prezzemolo
120 gr. di lardo
formaggio pecorino
sale
pepe
e olio d'oliva
1 oz foglie di alloro

Aprite le due pancette e inserite l'impasto che preparerete con le due uova, il formaggio, il pane, il prezzemolo, l'aglio, il sale e il pepe. Le pancetta riempite le chiuderete con degli spiedini.

Sulle 4 fette di carne stendete un battuto di lardo, aglio, prezzemolo, un pò di formaggio, sale e pepe.

Le fette di carne, vanno arrotolate e chiuse con uno spiendino.

Immergete la pancetta e gli involtini nel'olio di oliva fino al loro indoramento, aggiungete la salsa di pomodori, se volete con qualche foglia d'alloro, e sale; portando tutto a cottura.

La salsina ottenuta è ottima per condire la pastasciutta (in special modo i mezziziti) ricordandosi di spolverare con del formaggio pecorino.

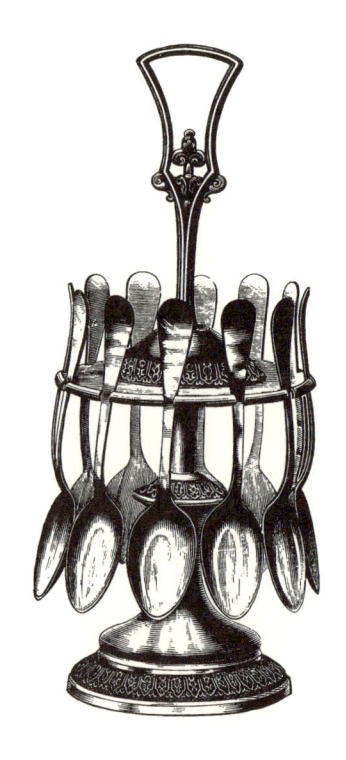

Stuffed Lamb Breast and Stuffed Veal Slices in Tomato Sauce

Ingredients:
2 lamb breast
4 slices of veal
2 eggs
8 oz of bread crumbs
16 oz of tomato sauce
some garlic
parsley
grated Pecorino cheese
salt and pepper
olive oil
4 oz of pork lard
1 or 2 bay leaves

Make a pocket in each lamb breast. Prepare stuffing by mixing eggs, bread crumbs, chopped parsley, and garlic, some grated cheese, salt and pepper to taste. Stuff lamb breasts and fasten opening with wood toothpicks. Set aside.

Pound the 4 veal slices. Place on each slice some lard, chopped garlic and parsley, grated cheese, and salt and pepper to taste. Roll each slice closed and pin with wood toothpicks. In a frying pan warm some olive oil and fry lamb breasts and veal rolls until golden. Add tomato sauce, one or two bay leaves, if desired, and a pinch of salt.

Cook slowly for about 30 minutes.

The sauce may be used as a topping for macaroni, which should be sprinkled with grated pecorino cheese.

Agnello con funghi cardoncelli

Ingredienti:
1 kg. di carne d'agnello
1 kg. di funghi cardoncelli (se hi ha fortuna di trovarne ancora nei campi e nei boschi intorno al Monte Vulture)
4 pomodori maturi
aglio
prezzemolo
un peperoncino
olio d'olvia
e sale

Tagliate a pezzi l'agnello, lavate i funghi e metteteli entrambi in una teglia insieme con un tritato di aglio, peperoncino, sale e olio.

Ora aggiungete i pomodori che precedentemente averete privato dei semi. Il tutto deve essere cotto, fuoco moderato, nel forno rigirando ogni tanto.

Cutturidd

Ingredienti:
Gli ingredienti di questo piatto unico sono la carne di agnello (comprensivo di osso)
qualche pomodoro
peperoncino piccante
qualche patata
una cipolla
aglio
prezzemolo
olio d'oliva
e sale

Mettete in un tegame di terracotta tutti gli ingredienti a pezzi con acqua sufficiente a coprire: fissate il coperchio e mettete a cuocere a fuoco lento. Scuotetelo ogni tanto accorti a non far fuoriuscire i vapori prodotti nel tegame.

Sgombri in padella

Ingredienti:
4 sgombri da 250 gr. circa ognuno
2 cucchiai d'olio d'oliva
8 cucchiai di vino bianco
origano
aglio
succo di limone
sale e pepe

Svuotate gli sgombri, lavateli e asciugateli. In un piatto ovale sbattete un paio di cucchiai d'olio con il vino bianco, origano, spicchi d'aglio schiacciati, sale e pepe; passatevi gli sgombri e lasciateveli marinare per un paio d'ore. Fate scaldare bene una padella, mettete gli sgombri e cuoceteli da ambo le parti, ungendoli con la marinata. Serviteli con succo di limone. Invece che in padella potete cuoceteli alla griglia.

Fried (or Grilled) Mackerel

Ingredients:
4 mackerel each about 9 oz.
2 tbs. olive oil
8 tbs. of white wine
oregano
garlic
lemon juice
salt and peper

Gut and clean the mackerel and dry them. In an oval platter whisk together the olive oil and the white wine, a little oregano, one minced garlic clove, salt and pepper. Let the fish marinate in the mixture for one hour. Heat up a frying pan and put in the fish, cooking on both sides, moistening with the marinade. Serve with lemon juice. The mackerel may also be grilled.

Lamb with Mushrooms

Ingredients:
2 lbs. of lamb
2 lbs. of cardinelli mushrooms (or your preferred variety)
4 ripe tomatoes
2 cloves of garlic
parsley
a chili pepper
olive oil
salt

Bone and cut lamb into bite size pieces. Clean and slice mushrooms. Put some olive oil in a baking pan and mix chopped garlic, lamb, and mushrooms, adding parsley and salt to taste. Add tomatoes, seeded, and cut in pieces. Bake at 300 degrees for about 30 minutes, mixing the ingredients from time to time.

"Cutturidd"

Ingredients:
2 lbs. of lamb
2 tomatoes
1 chili pepper
2 potatoes
1 medium onion
garlic
parsley
olive oil
salt

Chop lamb in pieces without deboning. Clean and chop potatoes, tomatoes, onion, garlic and parsley. Place all ingredients in a clay pot with cover. Add sufficient water to cover all ingredients, a little olive oil, salt and pepper to taste. Cover pot firmly. Cook with low heat for about 45 minutes.

Shake pot from time to time insuring that steam does not escape. Serve hot.

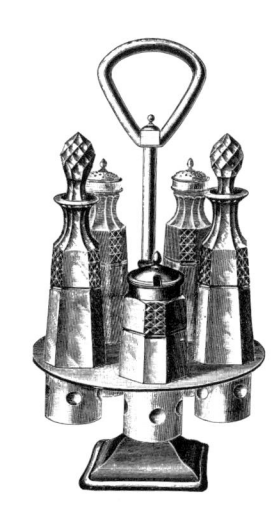

Cucinidd
(ovvero piatto di Pasqua)

Ingredienti:
1 1/2 kg. d'agnello
100 gr. di pancetta
100 gr. di salsiccia
1 kg. di cardi selvatici
4 uova
4 pomodori maturiformaggio
prezzemolo
un spicchio d'aglio
sale
pepe
e olio d'oliva

Pulite e lessate i cardi.

Con un pò d'aglio soffriggete nell'olio l'agnello, la salsiccia tagliata a fette e la pancetta a tocchetti.

Aggiungete i pomodori e un pò d'acqua e lasciate cuocere.

Verso la fine della cottura aggiungete i cardi e il prezzemolo tritato, le uova e il formaggio grattugiato rigirando il tutto.

Arista di maiale della magna grecia

Ingredienti:
4 fette di arista di maiale
1 cipolla dolce
200 gr. di uva passita
1 bicchiere di vino bianco secco
1 cucchiaio di olio d'oliva
sale

Far appassire in una padella la cipolla tagliata finemente, adagiarvi le fette di arista e girare in continuazione fin quando non saranno bianche. Aggiungere il sale, l'uva passita ed il bicchiere di vino bianco, cuocere per 5 minuti e servire caldo.

Magna Grecian Chine of Pork

Ingredients:
4 slices chine of pork (the back bone with meat)
1 sweet onion
7 oz. pureed currants
8 oz. dry white wine
1 tbs. extra virgin olive oil
salt

In a saucepan "sweat" the finely chopped onion in the olive oil. Spread out the pork chine and stir continuously until they are no longer white. Add the wine, the currants, and salt and pepper. Cook 5 minutes and serve warm.

Grandma at my parent's wedding

Easter Dish

Ingredients:
3 lbs. of lamb
3 oz of Italian pancetta (or Canadian bacon)
3 oz of Italian sausage
2 lbs. of cardoons (may substitute artichoke hearts)
4 eggs
4 ripe tomatoes
grated cheese
parsley
1 clove garlic
olive oil
salt and pepper

Clean cardoons and parboil in a pot of water(if canned artichoke hearts are used skip this step). Set aside.

In a plan add a little olive oil and fry the garlic. Cut pancetta, debone lamb and cut into small pieces. Crumble the sausage, place the ingredients into the pan. Add chopped tomatoes and a little water and let cook about 30 minutes at low heat. Add cardoons, cut in small pieces, chopped parsley, eggs, and grated cheese, mixing the ingredients until the eggs solidify.

Serve hot.

Migliatidd
(involtini di budella di agnello con patate al forno)

Ingredienti:
4 mazzetti di budelle d'agnello
1 kg. di patate
200 gr. di frattaglie d'agnello
4 pezzi di rete d'agnello
una ventina di steli di origano
prezzemolo
aglio
formaggio
sale e pepe

Aprite i mazzi di budelle e tagliatele verticalmente, lavatele per bene e strofinatele con sale raffinato. Tagliate la rere in quattro pezzi di circa 20 cm. l'uno poggiandoci sopra gli steli d'origano, le frattaglie, aglio, pepe, il formaggio grattugiato, il prezzemolo e chiudete arrotolando le budelle.

Pulite le patate e tagliatele a fette condendole con l'aglio, il prezzemolo, il formaggio, l'olio, il sale, e il pepe. In una teglia distribuite uno strato di patate, in mezzo gli involtini e copriteli con un'altro strato di patate. Ricoprite con un pò di formaggio, un filo di olio e mettete nel forno a 180°.

Maiale con peperoni

Ingredienti:
600 gr. di polpa di maiale
4 falde di peperoni sott'aceto
sale e pepe
e olio d'oliva

Soffriggete la carne di maiale, tagliata a dadini, nell'olio di oliva. Quando la carne sarà ben cotta aggiungete i peperoni sott'aceto a pezzetti, salate e pepate ultimando la cottura.

The kitchen of Ristorante Novecento

Stuffed Lamb Entrails Baked with Potatoes

Ingredients:
Some lamb intestines (may substitute sausage casings)
2 lbs. of potatoes
about 1 lb. of lamb entrails
about 3 teaspoons of oregano
parsley
garlic
grated cheese
salt and pepper

Mix lamb entrails (chopped finely), with oregano, chopped parsley, garlic, and some grated cheese. Stuff clean lamb intestines (or sausage casings) with mixture.

Peel and cut potatoes into thin slices, sprinkling with salt and pepper, parsley, grated cheese, garlic, and olive oil. In a baking pan place a layer of potatoes, the sausage, and another layer of potatoes, sprinkling the top layer with grated cheese and olive oil. Bake at about 400 degrees for 30-45 minutes.

The kitchen of Ristorante Lucano

Pork and Peppers

Ingredients:
1 1/2 lbs. of boneless pork filet
2 pickled peppers
olive oil
salt and pepper

Cut the pork in bite size cubes. Do the same with the peppers. Warm olive oil in a frying pan and cook pork. When pork is well cooked, add peppers, salt and pepper.

Cook on low heat for 10-15 minutes and serve.

Fegato di maiale con alloro

Ingredienti:
4 fette di fegato di maiale
una rete di maiale
4 foglie di alloro
una cipolla
sale
e olio d'oliva

Stendete la rete di maiale precedentemente lavata e pulita con cura, tagliatela in quattro parti così da ottenere dei riquadri cm. 20 x 20.

Mettete sopra la rete una foglia d'alloro, il fegato, la cipolla tagliata a rondella e il sale e avvolgete a pacchetto. Ungete di olio e arrostite sopra i carboni ardenti.

Filetto di maiale alla federico II

Ingredienti:
4 fetta doppie di filetto di maiale
1 bicchiere di vino rosso
1 cucchiaio di miele di castagno
4 foglie di menta larga
sale

In una padella adagiare i filletti di maiale, aggiungere il vino rosso e far sbollentare da ambo le parti. Aggiungere su ogni pezzo una foglia di menta ed il miele, far asciugare caramellando il sughetto e servire a caldo.

Insaccati sotto la cenere

Ingredienti:
8 patate medie
4 pezzi di salsiccia di almeno 15 cm.

I pezzi di salsiccia e le patate (salate) devono essere avvolti nella carta stagnola e messi nella cenere ben calda per circa un'ora e mezzo.

Nel gustarle ricordatevi di abbinarci dell'Aglianico del Vulture di medio invecchiamento.

Filet of Pork Frederick II Style

Ingredients:
4 double slices of pork filet
8 oz. red wine
1 tbs. chestnut honey
4 broad leaves of mint
salt

In a saucepan place the pork fillets, add the red wine, and parboil on both sides. Add to each fillet a mint leaf and some of the honey. Cook the resulting sauce until it reduces and carmelizes. Serve warm.

Grilled Pork Liver with Bay Leaves

Ingredients:
4 slices of pork liver
1/2 lb. of pork entrails
4 bay leaves
1 onion (sliced thin)
salt
olive oil

Place 1 bay leaf, an onion slice, some pork entrails, and some salt on each pork liver slice. Sprinkle with olive oil and broil on grill until done.

Sausage Under the Ashes

Ingredients:
8 medium potatoes
4 Italian sausage links.

Wrap potatoes and sausage links individually in aluminum foil. Place under hot fireplace ashes for about 90 minutes. When eating sausage and potatoes, drink red wine, preferably Aglianico del Vùlture.

Ciammaruchedd

Ingredienti:
1 kg. di lumachine
2 spicchi d'aglio
peperoncino piccante
qualche foglia di menta
pomodori pelati ben maturi
sale
olio d'oliva

Purgate e lavate per bene le ciammaruchedde (lumachine).

Fate soffriggere due spicchi d'aglio e un peperoncino piccante in olio di olvia, aggiungete le ciammaruchedde con il guscio, la menta, il sale e i pomodori pelati. Porate a cottura lentamente aggiungendo l'acqua necessaria e servite con sughetto abbondante.

Alici arriganate

Ingredienti:
1 1/2 kg. di alici fresca
pane grattugiato
formaggio
aglio
prezzemolo
sale e pepe
olio d'oliva

Spianate le alice e privatele della testa.

Fate un impasto con il formaggio e il pane grattugiato, l'aglio, il prezzemolo triato, sale e pepe. In una teglia unta di olio deponete a strati le alicia e l'impasto creando almeno tre o quattro strati (l'impasto superiore sarà fatto con l'impasto e un filo d'olio).

Mettete a cuocere nel forno e servito caldo.

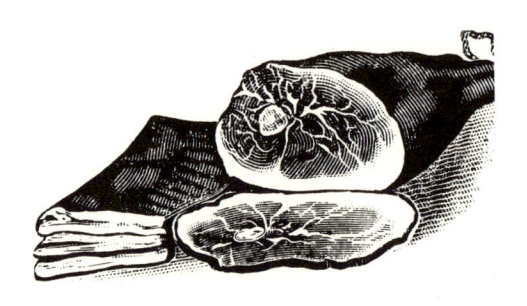

Sweet and Sour Pork Cutlets

Ingredients:
4 slices pork chine
4 boneless pork cutlets
1 tbs. orange honey
8 oz. apple cider vinegar
4 oz. dry white wine
the grated peal of half a lemon
salt

In a skillet place the fillets, parboil with the apple cider vinegar, the wine, and the lemon peal. Salt to taste and when almost cooked through add the orange honey and over high heat cook until the sauce is completely evaporated. Serve warm.

Snails "Ciammaruchedd"

Ingredients:
2 lbs. of small snails
2 cloves of garlic
1 chili pepper
several mint leaves
1 14 oz. can of peeled tomatoes
salt
olive oil

Clean snails well. In pan place a little olive oil, fry the chopped garlic and chili pepper. Add the snails, mint leaves, salt, and peeled tomatoes. Add 8 oz of water and cook for 30 minutes at low heat.

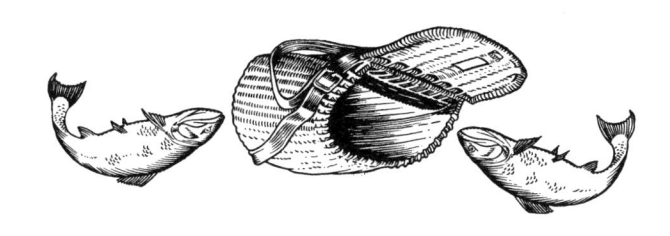

Costolette di maiale in agrodolce

Ingredienti:
4 fette di arista di maiale
4 costolette di maiale senso osso
1 cucchiaio di miele di arancio
1 bicchiere di aceto di mele
bicchiere di vino bianco secco
mezza buccia di limone grattugiata
sale

In una padella adagiare le fette di maiale, far sbollentare con l'aceto di mele, aggiungere il vino e la buccia di limone grattugiata. Salare a cottura quasi ultimata, aggiungere il miele di arancio, far asciugare a fuoco vivo e servire a caldo.

Per tante generazioni la popolazione della Basilicata e' andata decrescendo causa le emigrazioni verso altre regioni italiane, verso i paesi europei e verso gli Stati Uniti, ed, in passato, anche a causa della malaria e le scarse opportunita' di lavoro. Dagli anni '70 la regione si e' idustrializzata, particolarmente nei settori del gas naturale, della carta, zucchero, materiali da costruzione, mobilio ed alimentari.

L'economia della Basilicata deriva principalmente dall'agricoltura ede' l'unica regione italiana dove i lavoratori agricoli superano di numero quelli impiegati nell'industria. I principali prodotti sono i cereali, grano frumento, cavoli, insalata,pomidoro, albicocche, pesche uva ed olive. Gli allevamenti prevalentemente capre e greggi.

The population of Basilicata had been decreasing for generations, as many people migrated to other Italian regions, European countries, and the United States, due to a malaria plague and economic stagnation. The population stabilized in the 1970s as the region gradually became more industrialized, particularly in the sectors of natural gas, paper, sugar, engineering, building materials, furniture, and foodstuffs.

The economy of Basilicata remains primarily agricultural and it is the only Italian region where farm workers outnumber industrial employees. The principle crops are cereals, wheat, barley, cabbage, leaf salad vegetables, tomatoes, apricots, peaches, grapes, and olives. The principle livestock is goats and sheep.

Baked Breaded Sardines

Ingredients:
3 lb.s of fresh sardines
about 12 oz of bread crumbs,
4 oz of grated cheese
parsley
garlic
salt and pepper
olive oil

Clean the sardines and chop the heads off. Prepare a mixture with bread crumbs, cheese, chopped garlic and parsley, salt and pepper to taste.

Grease a baking pan with olive oil; place a layer of the bread crumb/cheese mixture and a layer of sardines, alternating layers until all ingredients are used. Sprinkle top layer with olive oil. Bake for 45 minutes at 350 degrees.

Serve hot.

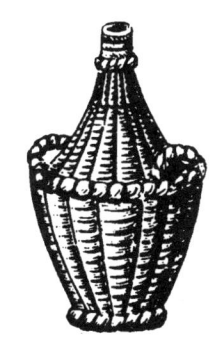

Baccalá alla trainiera

Ingredienti:
1 kg. di baccalà ammollato
aglio
prezzemolo
sale,
peperoncino
olio d'oliva

Preparate una salsina con olio d'oliva, prezzemolo, aglio e peperoncino con tre bicchieri d'acqua.

Lasciate cuocere la salsina per un quarto d'ora sul fuoco e aggiungete il baccalà portandolo a cottura. Alla fine assaggiate e aggiungete sale se necessita.

Baccalá e lampascioni

Ingredienti:
1 kg. di baccalà ammollato
½ kg. di lampascioni
1 1/2 kg. di patate
aglio
prezzemolo
formaggio
olio d'oliva
sale e pepe

Pulite e affettate le patate. Dopo aver pulito i lampascioni lessateli. Schiacciate i lampascioni con la forchetta e uniteli alle patate. Condite tutto con l'aglio, il prezzemolo, il formaggio grattugiato, sale, pepe, e olio d'oliva.

Mettete in una teglia a strati le patate alternate con il baccalà, aggiungete un bicchiere d'acqua e un filo d'olio e coprite con una spolverata di formaggio grattugiato. Portate a cottura nel forno ben caldo.

Fiocco di maiale al ginepro e rosa canina

Ingredienti:
4 fette di fiocchetto di maiale
1 cucchiaio da caffe' di bacche rosa canina
5 bacche di ginepro
spicchio di aglio
1 cucchiaio di farina di castagna
1 cucchiaio di olio d'oliva
1 bicchiere di vino bianco secco

Schiacciare in un mortaio le bacche di ginepro, la rosa canina, l'aglio. In una padella oliata far soffriggere i fiocchetti di maiale facendoli dorare da ambo le parti. Aggiungere la farina di castagne passata in un setaccio, unire le bacche schiacciate, far imbrunire ed aggiungere il vino. Far cuocere fino alla condenza della salsa e servire caldo.

Great grandmother Maria Consiglia

Pork Loin Chops with Juniper and Dog-Rose Berries

Ingredients:
4 slices of pork loin
1 teaspoon of extract of dog-rose berries
5 juniper berries
a clove of garlic
1 tablespoon of chestnut flour
1 tablespoon of olive oil
1 cup of dry white wine

Crush in a mortar the juniper, the dog-rose berries, and the garlic. In a well oiled pan brown the pork loin chops, on both sides. Add the chestnut floor, after sifting it, add the crushed berries, cook until brown, and add the wine. Let it cook until the sauce thickens, and serve hot.

Grandma sitting between her parents, Circa 1936

Cod Fish Alla "Trainiera"

Ingredients:
2 lbs. of cod fish
some garlic
parsley,
1 chili pepper,
salt,
olive oil

In a pan prepare a sauce by frying the chopped garlic and chili pepper in some olive oil. Add chopped parsley and 24 oz of water. Bring to a slow boil for about 15 minutes. Add the cod pieces and cook until tender. Serve hot.

Cod Fish with Pearl Onions

Ingredients:
2 lbs. of cod fish
1 lb. of early onions
3 lbs. of potatoes
some garlic
parsley
grated cheese
salt and pepper
olive oil

Clean, peel, and slice potatoes. After cleaning onions, boil them. Squash each cooked onion with a fork and mix with the sliced potatoes. Sprinkle with chopped garlic and parsley, salt and pepper, and olive oil.

In a greased baking pan alternate layers of potatoes/onions with cod fish. Cover last layer with a sprinkling of grated cheese and oil.

Lumache all'origano

Ingredienti:
4 dozzine di lumache
4 cucchiai d'olio
4 spicchia d'aglio
un pezzetto di peperoncino piccante senza semi
500 gr. di pomodori pelati,
spezzettati, freschi o in scatola
origano
sale

In un tegame soffriggete nell'olio gli spicchi e il peperoncino; toglieteli, versate i pomodori, salate il necessario, unite abbondante origano, portate a bollore e, infine, aggiungete le lumache (precedentemente spurgate). Cuocete a fuoco moderato per un'oretta. Regolate di sale e servite. Il sugo non dovrà essere molto addensato in modo che vi si possa inzuppare il pane.

Snails with Oregano

Ingredients:
4 dozen snails
4 tbs. olive oil
4 cloves of garlic
a small piece of hot pepper, seeds removed
a little over 1 lb. of peeled minced tomatoes (canned or fresh)

In a skillet saute the garlic (slightly crushed) and the pepper in oil. Remove from the heat, add the tomato, salt if necessary, and an abundant amount of oregano. Bring to a boil and finally add the snails (which have previously been cleaned). Cook over moderate heat for about one hour, season with salt, and serve. The sauce should not be too thick; one is meant to soak bread in it.

SIDE DISHES and PIZZAS

CONTORNI

PIATTI UNICI E PIZZE

Ciambotta

Ingredienti:
2 zucchine,
2 patate
una cipolla
150 gr. di pomodori pelati
olio d'oliva
sale
4 uovas

Tagliate a tocchetti le zucchine, le patate e la cipolla e cuoceteli in una casseruola con olio d'oliva e sale q.b.. Dopo aver prima indorato le verdure aggiungete i pomodori che farete cuocere a fuoco lento per circa venti minuti, quindi mettete tante uova per ogni porzione desiderata mischiando il tutto.

Dopo la cottura per assaporarne a pieno gli ingredienti di questo piatto unico della cucina lucana conviene servirlo tiepido.

> *Ricca è la cucina lucana di piatti unici. Una civiltà prevalentemente contadina si sedeva intorno alla tavola la sera, al rientro dai campi ,e dopo aver governatogli animali. Qui di seguito diamo alcuni esemp0i di piatti unici, fatti con ingredienti semplici e, veloci da preparare.*

Frittata con la cicoria

Ingredienti:
6 uova
300 gr. di cicoria
100 gr. di salsiccia
formaggio
sale e pepe
olio d'oliva

Dopo aver lavato e lessato le cicorie bisogna strizzarle e tagliarle.

Affettate la salsiccia e sbattete le uova in una ciotola in cui aggiungerete oltre la salsiccia, le cicorie, il formaggio, il sale e il pepe e impastate il tutto con un cucchiaio di legno.

Preparate delle frittelle che metterete in una padella con l'olio, a fuoco appena forte. Servitele calde.

"Chiambotta"

Ingredients:
2 zucchinis
2 potatoes
1 onion
6 oz peeled tomatoes
olive oil
4 eggs
salt

Cut zucchinis, potatoes, and onion into bite sized pieces and fry in olive oil at low heat. When golden, add the tomatoes and cook at low heat for an additional 20 minutes. Add the 4 eggs to the vegetable mixture, and mix everything together until the eggs are cooked. To savor this unique dish best, serve lukewarm.

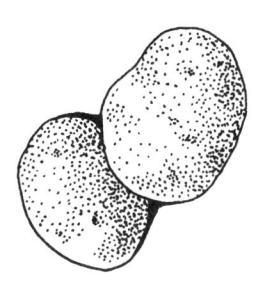

The cuisine of Lucania is rich with unique dishes. A society primarily tied to the land, farmers would sit around the table at night time, after coming from the fields and having taken care of domestic animals. Some examples of unique dishes, prepared quickly with simple ingredients, follow.

Chicory Omelet

Ingredients:
6 eggs
12 oz of chicory
4 oz of Italian sausage
olive oil
salt and pepper
grated cheese

Wash and quick boil chicory. Strain and cut into small pieces. Cut sausage into tiny pieces. Beat eggs and mix in all ingredients. Fry quickly in olive oil at high heat and serve warm.

Carciofi ripieni con piselli

Ingredienti:
800 gr. di piselli
8 carciofi
2 uova
mollica di pane di grano duro
formaggio
aglio
prezzemolo
una cipolla non molto grande
sale or pepe
olio d'oliva

Pulite i carciofi e apriteli. In un piatto sbriciolate la mollica di pane, aggiungendovi una mangiate di formaggio grattugiato, il prezzemolo, l'aglio tritato, il sale, il pepe, e le due uova amalgamando il tutto. Con l'impasto ottenuto riempite i carciofi.

Soffriggete, con l'olio, in una teglia la cipolla fino ad indorarsi quindi aggiungete i piselli e successivamente i carciofi con qualche foglia di prezzemolo e con un pò d'acqua fino a portarli a cottura senza girarli.

Metaponto

Metaponto e' situata a sud di Matera vicino al Mar Jonio. Qui convergono cinque fiumi, i cui depositi fluviali hanno formato una pianura fertile. Fu proprio su questa pianura che i Greci fondarono la citta' di Metapontum, durante la meta' del VII sec.a.c. Questa citta' fiori' per piu' di trecento anni come testimoniano i resti dei tempii, i teatri e le case. Qui si trovano le famose Tavole Palatine, che era un tempio dedicato alla dea Hera, VI sec.a.c. L'Antiquarium con sculture, terracotte, materiali da costruzione e vasi del periodo.

Metaponto

Metaponto lies south of Matera near the Ionian sea. Five rivers converge here, and their alluvial deposits formed a flood plain. It was on this wide flood plain that the Greeks founded the town of **Metapontum**, during the middle of the 7th century BC. This town flourished for more than three hundred years, and there are many fine remains of temples, theaters, and houses. The famous **Palatine Tables** are here, which was once a temple dedicated to the goddess Hera, dating from the end of the 6th century BC. Also remaining is the Antiquarium, with sculptures, artifacts, terracotta building materials, and pottery from the period.

Stuffed Artichokes and Peas

Ingredients:
8 artichokes
1 3/4 lb. of peas
2 eggs
1/2 lb. of bread crumbs
garlic
parsley
1 medium onion
salt and pepper
olive oil
grated cheese

Clean artichokes, cut stems and open leaves a little. In a large dish mix the bread crumbs, 2-3 oz of grated cheese, chopped parsley and garlic, the 2 eggs, and salt and pepper to taste. With the mixture stuff the artichokes between the leaves and set aside.

In a large pan, fry a sliced onion until golden and then add peas. After a few minutes, place artichokes in same pan, add some parsley, and a little water and cook covered until tender.

Peperoni ripieni

Ingredienti:
*8 peperoni rossi e gialli
pane raffermo di grano duro
formaggio
50 gr. di filetti di acciughe
aglio
prezzemolo
sale e pepe
olio di oliva*

Svuotate i peperoni tagliandone il torsolo e conservandolo.

Sbriciolate il pane raffermo aggiungendo le acciughe, l'aglio e il prezzemolo tritato, il formaggio grattugiato, il sale e il pepe impastando il tutto con un pò d'olio.

Riempite i peperoni, chiudendoli con il torsolo e soffriggeteli nell'olio.

Nova Sirí

La marina di Nova Siri e' situata vicino a Metaponto sulla costa ionica, e anche le sue origini, risalgono alle colonie greche. Vi si trovano le terme del Ciglio dei Vagni e la Torre Bollita (XIII sec.). La spiaggia e' ampia, la sabbia bianca e pini maestosi. Ben strutturata per il turismo balneare. Il clima e' gradevole tutto l'anno, gli inverni sono miti e le estati secche. La cucina e' famosa per la varieta' del pesce fresco e frutta locale.

Nova Sirí

The marina of Nova Siri is near Metaponto on the Ionian coast, and its origins also date back to the Greek colonies. Here are the Roman spa baths of **Ciglio dei Vagni** and the tower of **Torre Bollita** (13th century). There is a wide sandy beach, large pine trees, and well equipped resort facilities at the marina. The weather is pleasant all year, with mild winters and dry summers. The cuisine is noted for its excellent fresh seafood and local fruit.

Stuffed Peppers

Ingredients:
8 red or yellow peppers
about 1 lb. of hard bread
grated cheese
2 oz of salted filets of anchovies
2 cloves of garlic
parsley
olive oil
salt and pepper

Cut the top and stem of the peppers. Remove seeds and save top. Cut the hard bread into small pieces and add to it the parsley, garlic, and anchovies...cut into small pieces. Add salt and pepper to taste and mix all with 2-3 tablespoons of olive oil. Stuff peppers with mixture, closing with the tops you saved. Deep fry peppers in a half full pan of olive oil.

Melanzane imbottite al sugo

Ingredienti:
4 melanzane di grandezza
200 gr. di carne bovina tritata
800 gr. di pomodori maturi
2 uova
formaggio
aglio
sale e pepe
olio d'oliva

Lavate e svuotate le melanzane.

La polpa interna delle melanzane dovete tritarla e metterla a soffriggere con la carne tritata in una padella con l'olio.

Dopo aver indorato il soffritto unitelo con il formaggio grattugiato, il prezzemolo, le uova, l'aglio, il sale, e il pepe.

Mischiata il tutto con uncchiaio di legno e riempite le melanzane svuotate precedentemente con l'impasto.

Il sughetto ottenuto può servire per condire le tagliatelle casalinghe.

Stuffed Eggplants in Sauce

Ingredients:
4 medium-sized eggplants
1/2 lb. of ground beef
2 lb.s of ripe tomatoes
2 eggs
grated cheese
parsley
garlic
salt and pepper
olive oil

Wash and hollow eggplants. Cut in small pieces eggplants' interior contents and fry with the ground beef in olive oil. When golden take off stove and cool. Add grated cheese, eggs, chopped parsley and garlic, salt and pepper to taste. Mix thoroughly and stuff eggplants with mixture.

Place stuffed eggplants in a baking pan; chop tomatoes finely and place around eggplant. Bake at 325 degrees for 30-45 minutes. The tomato sauce around eggplants may be used on top of pasta or served with eggplants.

Lenticchie con bruschetta

Ingredienti:
500 gr. di lenticchie
200 gr. di cotiche di maiale
2 pomodori rossi e maturi
sugna
aglio
sedano
sale
peperoncino piccante
pane grano duro

Mettete a bagno per mezza giornata le lenticchie, poi lessatele in abbondante acqua salata. A metà cottura, soffriggete in un cucchiaio di sugna, un pesto di aglio e di sedano, al quale aggiungete due etti di cotiche tagliate a dadi. Quando saranno ben rosolate, unitele alle lenticchie, insieme a due pomodori rossi pelati senza semi. Aggiungete sale e peperoncino piccante e completate la cottura a fuoco lento. Le lenticchie così fatte le verserete ben calde su fette di pane di grano duro precedentemente indorato (bruschette).

Acquasala

Ingredienti:
Pane raffermo
acqua
aglio
olio d'oliva
peperoncino piccante
sale

In un tegame con l'olio, mettete sul fuoco insieme l'aglio e il peperoncino, indi aggiungete l'acqua e portate ad ebollizione.

Chi vuole può aggiungere un uovo per porzione. Versate il preparato sul pane.

Lentils with "Bruschetta"

[Note: bruschetta is an Italian hard bread. Sliced and toasted Italian bread is a good substitute.]

Ingredients:
1 lb. of dry lentils
1/2 lb. pork chops
2 ripe tomatoes
1 tablespoon of lard or crisco
garlic
1 chili pepper
olive oil
salt
8 slices of toasted Italian bread
2 stalks of celery

Soften lentils by placing in water for a few hours. Cook on medium heat. While lentils are cooking, place a tablespoon of crisco in a medium frying pan, add two cloves chopped garlic, chopped celery, and the pork chops cut in small bites. Fry at low heat. Chop the tomatoes and chili pepper and add to frying pan, mixing all. Add contents of frying pan and 2 tablespoons of olive oil to lentils and cook until lentils are done. Place 2 slices of toasted bread in each dish and pour hot lentils on top. Serve.

"Acquasala"

Ingredients:
Hard bread
water
garlic
olive oil
1 chili pepper
salt

In a frying pan cook chopped garlic and chili pepper in some olive oil. When golden add 1 cup of water per serving and bring to a boil. If you wish, you may add one egg per serving to the boiling water. Put pieces of hard bread in serving dishes and pour garlic/chili mixture on top. Serve warm.

Panecotto con patate

Ingredienti:
Pane raffermo
patate
aglio
peperoncino piccante, olio d'oliva, e sale.

Pulite e tagliate a rondelle le patate e lessatele. In un tegamino soffriggete l'aglio, l'olio, e il peperoncino che verserete sopra il pane.

Una variante consiste nel sostituire le patate con le crime di rape.

Ristorante Novecento

Pizza con la ricotta

Ingredienti per la pasta:
600 gr. di farina
2 cucchiai di strutto
20 gr. di lievito di birra
sale

Ingredienti per il ripieno:
500 gr. di ricotta di pecora o mista
2 uova
100 gr. di zucchero,
garofano e cannella

Impaste la farina con lo strutto, il sale e il lievito sciolto in acqua calda. Fate lievitare in luogo caldo per circa un'ora.

Mettete in una ciotola la ricotta, le uova, lo zucchero, il garofano e la cannella e fate un impasto.

Della pasta lievitata verrà steso uno strato in una teglia, sopra mettete l'impasto di ricotta che a sua volta verrà ricoperto di un altro strato di pasta. Unite sui bordi i due strati di pasta, praticando con una forchetta dei fori sulla sfoglia superiore e mettete nel forno a 180º.

Cooked Bread and Potatoes

Ingredients:
1 lb. hard bread
1 lb. potatoes
garlic
chili pepper
olive oil
salt

Peel potatoes, cut in slices, and boil in water until cooked. Set aside but keep warm. In a frying pan fry the chopped garlic and chili pepper in olive oil until golden. Place hard bread cut in bite size on serving dish. Add cooked potatoes in their own water on top of bread. Place garlic/chili mixture on top and serve. If desired, cooked potatoes may be substituted with cooked broccoli rabe.

Calzone with Ricotta

Ingredients for the dough:
1 lb. of semola flour
2 tablespoons of lard
a little yeast
salt

Ingredients for the stuffing:
1 lb. of ricotta cheese,
2 eggs,
3 oz of sugar
1 tablespoon of ground cinnamon

Prepare a calzone dough by mixing flour, lard, a dash of salt, and the yeast with warm water. Set aside for about an hour or until dough has risen. Mix ricotta, eggs, sugar, and cinnamon in a mixing bowl. When dough has risen, roll in sheet about 1/4 inch thick. Place dough in baking sheet and distribute evenly ricotta mixture on one half of the dough sheet. Fold the other dough half over ricotta and close open sides by pressing dough together with thumb. With a fork tines place some holes on upper half of dough sheet. Bake at 375 degrees for 20 minutes or until crust is golden.

Pizza con la cipolla

Ingredienti per la pasta:
(come la pizza con la ricotta)

Ingredienti per il ripieno:
1 kg. di cipolle
100 gr. di formaggio pecorino
5 pomodori maturi
sale e pepe
olio d'oliva

Per la pasta vedi la precedente ricetta.

Pulite e affettate le cipolle e fatele indorare in una padella con l'olio, poi aggiungete i pomodori, il sale e il pepe: fate cuocere il tutto.

Come già fatto con la pizza con la ricotta bisogna stendere un primo strato di pasta in una teglia quindi versare le cipolle con il formaggio fatto a pezzi. Sovrapponete un secondo strato più fine di pasta e chiudete sui bordi con lo strato inferiore della pasta. Con una forchetta praticare dei fori sulla pizza e mettete nel forno a 180°.

Cucolo alla vampa

Ingredienti:
600 gr. di farina
20 gr. di lievito di birra
origano
sale e
olio d'oliva

Impastate la farina con acqua tiepida, lievito e sale.

Portate la pasta a lievitazione per almeno un ora, quindi dividetela in tre pezzi uguali, stendetela e conditela con il sale, l'origano e un poco d'olio. Cuocete a fuoco forte (180°) nel forno preferibilmente a legna. Quasta focaccia è ottima da gustare con il prosciutto e gli insaccati.

Calzone with Onions

Ingredients:
(For dough, see preceding recipe)
2 lbs. of onions
3 oz. of chopped pecorino cheese
5 ripe tomatoes
salt and pepper
olive oil

Prepare dough as in preceding recipe.

Clean and chop onions. Fry in olive oil until golden, adding chopped tomatoes, a dash of salt and pepper to taste. Cook for a few minutes and set aside. Roll dough, place dough in baking sheet and add onion/tomato mixture to _ of dough sheet. Fold other dough half over mixture and close open sides by pressing dough with thumb. With fork tines, place holes on upper half of dough crust.

Bake for 20 minutes at 375 degrees or until crust is golden.

Baked "Cucolo"

Ingredients:
1 1/2 lbs. of flour
1/2 oz. yeast
salt
olive oil
oregano

Prepare dough by mixing flour, yeast, and salt with warm water. Set aside and let stand covered until dough has risen (1-1/2 hours). Cut dough into 3 equal pieces and roll pieces to 1/4 inch thickness. Sprinkle with oil and oregano on top and bake at 375 degrees until golden.

Serve warm with prosciutto ham or salami.

Grandma holding me on my 2nd birthday

Maratea

DESSERTS

DOLCI

Calzoncelli di mandorle di castagne di mostarda

Ingredienti della pasta:
1 kg. di farina
200 gr. di zucchero
2 fichi secchi
100 gr. di olio d'oliva
vino bianco q.b.
Ingredienti del ripieno di mandorle:
1 kg. di mandorle sgusciate
800 gr. di zucchero
400 gr. di cioccolata fondente
Ingredienti del ripieno di castagne:
300 gr. di castagne fresche
300 gr. di castagne al forno
300 gr. di ceci
300 gr. di zucchero
vino cotto q.b.
Ingredienti del ripieno di mostarda:
usare la marmellata fatta con l'uva di aglianico

Per la pasta bisogna prima soffriggere i due fichi nell'olio e farli raffreddare. L'olio fritto (tolti i fichi) bisogna impastarlo con la farina, lo zucchero e il vino fino ad ottenere un impasto di media consistenza.

La pasta ottenuta spianarla finemente poggiandoci sopra il ripieno in pezzetti di due cm. e avvolgerci intorno la pasta ritaglianoli con la rotella dentata e infornarli.

Come si fa il ripieno di mandorle. Abbrustolite e tritate finemente le mandorle, aggiungendo lo zucchero e il cioccolato e tritate il tutto più volte fino a raggiungere la consistenza di impasto ben amalgamato.

Come si fa il ripieno di castagne. Fate diventare come farina le castagne e i ceci al forno, lessate e pulite le castagne fresche, passandole nel passaverdura. Unite il tutto con lo zucchero e il vino cotto q.b. per l'impasto.

Il ripieno di mostarda ha già la consistenza ottimale e non necessita di ulteriori aggiunte e lavorazioni. In questo caso i calzoncelli non vanno cotti nel forno ma fritti in abbondante olio e poi girati nel vino cotto.

In 1998 I returned to Basilicata with my wife Diane. Here we share an elegant lunch at Ristorate Novecento

Small Calzoni Filled with Almonds, or Chestnuts, or Grape Marmalade

Ingredients for dough:
2 lbs. of flour
6 oz. of sugar
2 dried figs
8 oz. white wine
3 oz. of olive oil

Ingredients for almond filling:
2 lbs. of shelled almonds
1 ½ lb. of sugar
1 lb. of chocolate pieces

Ingredients for chestnut filling:
24 oz. of chestnuts
12 oz. of dry chick peas
12 oz. of sugar
4 oz. of red wine, boiled

Ingredients for marmalade filling:
Grape marmalade only
(In this instance, rather that baked, small calzoni are deep fried and then sprinkled with the cooled boiled wine.)

To prepare dough and bake: Fry the 2 dry figs in olive oil and let cool. Discard figs. Mix flour with oil which figs were cooked in, sugar, and white wine. Roll dough until it is about 1/8 inch thick. Place filling in 1 inch square small mound. Cut dough in squares around filling large enough to fold over and close dough pieces around filling. Bake (unless filling is marmalade) at 325 degrees for 20 minutes or until golden.

To prepare almond filling: Roast almonds in oven and grind them. Melt chocolate and add ground almonds and sugar. Mix well.

To prepare chestnut filling: Peel chestnuts and roast in oven. Do the same with chick peas. Grind both chestnuts and chick peas. Mix this flour with sugar and boiled red wine to obtain filling mixture.

Taralli e ciambellini scileppati

Ingredienti:
1 kg. di farina
12 uova
¹/₃ lievito di birro
un bicchierino di alcool a 90°

Impastate la farina insieme alle uova intere ben sbattute, a metà lavorazione aggiungete il lievito e verso la fine l'alcool continuando ad impastare fino a veder formare delle bolle. Quindi fate riposare l'impasto per una buona mezz'ora e create i taralli o dei nodini più piccoli (ciambellini).

Fate riposare per un'altra mezz'ora le forme dei taralli e lessateli in acqua bollente fino a verderli affiorare sull'acqua. Dopo aver inciso dei segni intorno ai taralli metteteli in un forno a 250°. Sfornati e raffreddati vanno rigirati nel fondant (zucchero fuso).

Scarteddate

Ingredienti:
250 gr. di farina di grano tenero
2 uova, un pizzico di sale
un cucchiaio di zucchero
un bicchiere di vino bianco
olio
miele (o vino cotto)

Impastate la farina con le uova, il vino bianco, sale, zucchero ed un pò d'acqua, in modo da ottenere un impasto ben elastico, che lascerete riposare un quarto d'ora in un tovagliolo umido.

Tirate una sfoglia e tagliatela a striscioline con la rotella dentata; avvolgetela a spirali, a nodi, a farfalle e friggete in abbondante olio. Dopo la cottura cospargetele di miele o di vino cotto.

Small Doughnuts With Liquor

Ingredients:
2 lbs. of flour
12 eggs
yeast
2 oz. of your preferred 90 proof liquor

Beat eggs well. Mix eggs with flour adding yeast and liquor. Set aside for about 1/2 hour before making small donuts with dough. Set aside another 1/2 hour. Boil water in large pan and drop donuts into boiling water. Remove donuts when they rise to the surface. Let them cool and bake until golden at 450 degrees.

Sprinkle with confectionery sugar when serving.

"Scarteddate"

Ingredients:
1/2 lb. of flour
2 eggs
1 tablespoon of sugar
a dash of salt
8 oz white wine
olive oil
some honey

Prepare dough by mixing flour, eggs, wine, salt, sugar, and sufficient water for dough to be on soft side. Place aside covered for 15 minutes. Roll dough into thin layer and cut into 1/2 inch wide strips. Twist strips into spirals and deep fry until golden.

Sprinkle spirals with honey and serve.

Frittelle lucane

Ingredienti:
250 gr. di farina bianca mischiate
con un cucchiaio di semolina
mezzo litro di acqua
una foglia di alloro
3 cucchiai d'olio d'oliva
sale
olio per friggere
zucchero a velo

In una casseruola portate a ebollizione l'acqua con un pizzico di sale, la foglia di alloro e l'olio d'oliva. Toglietela dal fuoco, versatevi le farine in una sola volta e mescolate con un cucchiaio di legno. Rimettete sul fuoco e cuocete a fuoco basso per una decina di minuti, rimescolando a otto, in modo passare sempre per il centro della casseruola. Quando il composto sarà liscio e compatto, togliete l'alloro, versatelo su un piatto largo livellatelo e lasciatelo raffreddare. Tagliatelo a rombi e friggeteli in olio caldo. Appena le frittelle saranno dorate, scolatele su una carta assorbente, disponetele su un piatto, spolverizzatele con zucchero a velo e servitele.

Pizza dolce

Ingredienti per la crema:
225 grammi di zucchero
5 cucchiai di farina bianca
2 cucchiaini di buccia di limone
3 uova ben battute
1 litro di latte intero
1350 grammi di ricotta di latte intero
350 grammi di pezzettini di cioccolato al latte

In una grande scodella battere leggermente le uova aggiungendo a poco a poco lo zucchero. Aggiungere lentamente la buccia di limone e la farina. Aggiungere lentamente il latte e mescolare continuamente su fuoco medio finché la crema non si è rappresa. Raffreddare bene e mescolare con la ricotta. Infine aggiungere i pezzettini di cioccolato.

Ingredienti per la pasta per la crostata
6 uova ben battute
225 grammi di zucchero
1 cucchiaino di buccia di limone
900 grammi di farina bianca
1 cucchiaino di lievito in polvere
115 grammi di olio di semi

Mescolare la farina, il lievito in polvere e lo zucchero su un tagliere. Formare un mucchio con una cavità al centro e aggiungervi le uova battute e la buccia di limone. Mescolare bene e impastare. Quando è bene impastata, mettere la pasta sotto una scodella e lasciarla riposare per 20 minuti. Tagliare la pasta in 3 parti uguali. Tagliare ogni parte a metà. Stendere la pasta e metterla in 3 teglie da crostata. Dividere la crema nelle 3 teglie. Coprire ogni crostata con la pasta. Infornare per 25 minuti a 190°C o finché le crostate non sono dorate.

Sweet Pizza

Cream Ingredients:
8 oz. sugar
5 tbs. bleached flour
2 tsp. lemon rind
3 eggs well beaten
1 qt. whole milk
3 lb. whole milk ricotta cheese
12 oz. of milk chocolate morsels

In a large bowl beat eggs slightly and gradually add the sugar. Slowly add lemon rind and flour. Slowly add milk and stir constantly over medium heat until thickened. Cool thoroughly and mix in ricotta. Finally fold in chocolate morsels.

Ingredients for Pie Crust
6 eggs well beaten
8 oz. sugar
1 tsp. lemon rind
32 oz. bleached flour
1 tsp. baking powder
4 oz. vegetable oil

Mix flour, baking powder, and sugar on a mixing board. Make a well and add beaten eggs, oil, and lemon rind. Mix well and knead. When well kneaded place under a bowl and let rest at least 20 minutes. Cut dough into 3 equal parts. Cut each part in half. Roll dough, and put into pie plates. Divide cream mixture into 3 pie shells. Cover each pie with top crust dough. Bake 25 mintues at 375 degree or until golden.

Lucanean Fritters

Ingredients:
9 oz. of white farina flour mixed with
1 tbs. semolina
14 oz. water
1 bay leaf
3 tbs. olive oil
salt
oil for frying
powdered sugar

In a saucepan bring water to a boil with a pinch of salt, the bay leaf and the olive oil. Remove from the burner and pour in the flour. Mix with a wooden spoon, return to the burner, and cook over low heat for about 10 minutes. Mix well, tracing a figure 8 by always passing the wooden spoon through the center of the saucepan. When the mixture becomes smooth and dense, remove the bay leaf and pour onto a large lightly greased platter. Level off and let it cool down. Cut into squares and fry in hot oil. As soon as the fritters are browned, turn them out onto paper towel to drain off the fat. Place the fritters on a platter, sprinkle with powdered sugar, and serve.

Mostacciuoli

Ingredienti:
1 kg. di farina
300 gr. di zucchero
10 gr. di ammoniaca
cacao a piacere
una misura di olio
vino cotto q.b.

Impastate gli ingredienti con il vino cotto fino ad ottenere un impasto di media consistenza. Spianate la pasta con una spessore di poco più di un cm. e tagliate a fasce di 7/8 cm. tagliandole ulteriormente trasversalmente.

Cuocete nel forno a poco più di 200°.

Sanguinaccio

Ingredienti:
1 litro di sangue di porco
1 litro di latte
una scatola di cacao amaro
250 gr. di cioccolato fondente
450 gr. di zucchero

Passate il sangue con setaccio a maglia molto fine e unite con il latte, il cacao, lo zucchero e il cioccolato tagliato a scaglie. Cuocete a bagnomaria su fuoco lento girando in continuazione, nel medesimo verso, fino ad ottenere un composto cremoso.

My mother at my grant grandparents former residence. My cousins still own the gift shop

"Mostacciuoli" Cookies

Ingredients:
2 lbs. of flour
12 oz. of sugar
1 teaspoon of ammonia powder
2-4 oz. of cocoa powder
2 oz. of olive oil
2 oz. of sherry or other sweet wine.

Mix all ingredients to form a dough of medium consistency. Roll to 2 1/2 inch thickness and cut into strips 1 inch wide. Cut strips at an angle to form pieces 2 inches long.

Bake until golden at 400 degrees.

"Sanguinaccio"

Ingredients:
1 quart of pigs blood
1 lt. of milk
8 oz. of cocoa
8 oz. of melting chocolate
1 lb. of sugar

Pass blood through a sieve and mix with milk, cocoa, sugar, and chocolate cut into small pieces. Cook slowly in a double boiler mixing continuously until mixture has boiled and is creamy. Serve warm.

Castagnaccio

Ingredienti:
1 kg. di castagne lesse già pulite
800 gr. di zucchero
una scatola di cacao amaro
un bicchiere di liquore "Strega"

Passate con il passaverdure le castagne unendole al resto degli ingredienti su un fuoco moderato e girando in continuazione.

Dopo la bollitura tenete sul fuoco ancora per almeno mezz'ora.

Riso al latte di mandorla con polvere di cannella

Ingredienti:
1 kg. di mandorle
1 1/2 lt. di latte
800 gr. di riso
polvere di cannella

Pestate le mandorle e mettetele in fusione con il latte nel frigorifero, passate il latte e cuocete in esso il riso, il sale aggiungetelo alla fine della cottura del riso. Servitelo a tavola con una spolverata di cannella in polvere.

Grandma with my brother before his senior prom. She was not his date, 1968

Grandma at my cousin Tony's college graduation

"Castagnaccio"

Ingredients:
2 lbs. of chestnuts
1 3/4 lbs. of sugar
8 oz. of cocoa
4 oz. of Strega liquor (or your favorite liquor).

Shell and boil chestnuts until tender. Mash chestnuts until mixture is smooth. Add other ingredients and mix. Cook slowly on a double boiler, mixing continuously. After boiling, keep cooking for an additional 1/2 hour.

Rice With Almond Milk and Cinnamon

Ingredients:
2 lbs. of shelled almonds
1 1/2 lt. of milk
2 lbs. of rice
2 teaspoons of cinnamon powder

Grind the almonds and mix with the milk, cooking the rice into this mixture until all the liquid is absorbed. Serve warm, sprinkling with cinnamon powder.

Melfi Castle

View from inside the castle

RECIPES FROM THE COURT OF FREDERICK II WHEN HE WAS IN RESIDENCE IN THE MELFI CASTLE

LA CUCINA AI TEMPI DI FEDERICO II DI SVEVIA DURANTE I SUOI SOGGIORNI NEL CASTELLO DI MELFI

Pollo alle Noci

Ingredienti:
2 polli
1/2 kg. di gherigli di noce
un pò di radice di rafano
30 gr. di coriandolo e serpentario
1/2 kg. di lardo
sale e pepe q.b.

Tritate il tutto e preparate un impasto, con questo farcite i polli e cuoceteli per arrostimento bagnandoli man mano che rosso speziato cuociono del vino precedentemente con un'idea di cannella, radice di rafano, coriandolo e serpentario (la speziatura deve essere fatta almeno 30 ore prima). Tagliate in ottavi i polli e serviteli a tavola.

Capriolo al profumo di bosco

Con il fondo di cottura dei polli alle noci preparate una salsa con l'aggiunto di 1/2 kg. di funghi, 1/2 kg. di ciliege fresche snocciolate, 20 gherigli di noce tagliuzzate.

Il capriolo di dovrà cuocere allo stesso modo della ricetta che segue sul cinghiale. Per le costolette tiratele in padella con olio di oliva, sale e pepe q.b. Servite a tavola il capriolo con la salsa.

Chicken with Walnuts

Ingredients:
2 chickens
1 lb. of shelled and chopped walnuts
1 lb. of lard
salt and pepper
3 teaspoons of coriander
a dash of cinnamon
8 oz. of red wine

Mix cinnamon, salt, pepper, and coriander to wine. Set aside. Chop lard into small pieces and mix with walnut pieces. Clean and stuff chicken with mixture. Sprinkle a little wine on the chicken in oven until cooked. While broiling, from time to time, sprinkle wine on chickens. Serve warm after cutting into quarters.

Perfumed Roebuck From the Wilds
[Note: venison can be used to replace roebuck.]

Using the liquid remaining from the preceding chicken with walnuts recipe, prepare a sauce by adding 1 lb. of chopped mushrooms, 1 lb. of fresh pitted cherries, and 1 lb. of chopped walnuts. Cut the roebuck into pieces and cook on the stove for about 40 minutes with the above sauce, adding red wine as needed. Bake for an additional 10-15 minutes and serve sprinkled with a cold sauce prepared with white wine, sage, chopped garlic, chopped parsley, salt and pepper.

Cinghiale in salsa universale

ingredienti:
cinghiale: le costolette o i posteriori

ingredienti per la marinata:
1 lt. di vino bianco secco
bacche di ginepro, foglie d'alloro
un ramoscello di timo
alcune foglie di salvie
2 spicchi d'aglio
appena schiacciato
1 cipolla di media grandezza
2 chiodi di garofano
una costola di sedano
una carota
un pò di rosmarino
decilitro di aceto
sale q.b.
pepe nero in grani

ingredienti per la salsa universale:
1 lt. di vino bianco secco
12 foglie di salvie
6 spicchi d'aglio
sale e pepe
il prezzemolo appena schiacciato

Tagliate tutti i legume e poneteli in un recipiente di terracotta (o di acciaio o di cemento), aggiungete tutti gli aromi e le spezie, il vino, l'aceto e fate cuoce il tutto per un quarto d'ora. Fate raffreddare e versate sulla carne sistemata in un recipiente. Marinate la carne e mettete del lardo al centro con gli aromi, legateli, bardateli con fettine sottili di lardo o pancetta. Versate in superficie un pò d'olio affinchè la carne non diventi scura. N.B. la marinata va versate calda sulle costolette. Il tempo occorrente per la preparazione delle costolette di carne e di 6 ore, per i posteriori 48 ore. Fateli cuocere in casseruola per un pò e senza aromi e bagnati di tanto in tanto con la marinata addizionata con un 50% di vino rosso. Dopo 40 minuti circa ponete la casseruola con tutto il coperchio nel forno per ulteriori 10 minuti, togliete la bardatura e servite con la salsa universale e l'aggiunta del 30% del fondo di cottura.

Wild Boar in Universal Sauce

Ingredients:
cutlets and/or posterior legs of a wild boar
marinade ingredients (*also excellent with other meats*):
1 lt. dry white wine
some juniper seeds
bay leaves
a sprig of thyme
some sage leaves
2 garlic cloves chopped
1 medium onion chopped
2 nasturtiums
1 celery stalk chopped
a bit of rosemary
4 oz. of vinegar
salt and pepper

cold sauce ingredients (*prepare ahead of time*):
1 lt. dry white wine
12 sage leaves
6 garlic cloves
chopped parsley
salt and pepper

Mix together the ingredients for the cold sauce, simmer to reduce the wine, and let cool.

Mix all marinade ingredients together and simmer 15 minutes. Let cool. Use to marinate the meats (when using the posterior legs, tie them together). In a casserole, coat the boar with pieces of lard pancetta bacon, or oil lightly so that the meat does not darken. Add the marinade and cover. If using cutlets let marinate for 6 hours. For posterior legs marinate 48 hours. After the marinating time is over place the casserole on the burner and simmer for about 40 minutes. Add a little red wine. Place in the oven for another 10 minutes, or until cooked to your liking. Serve with the cold universal sauce. Also note that for the cutlets, the warm marinade may be used.

SAGE

THYME

Dita degli apostoli

Ingredienti:
4 uova
300 gr. di zucchero
200 gr. di ricotta
buccia di limone
cannella.

Preparate con delle uova delle frittatine sottili.

Il ripieno deve essere impastato con zucchero, ricotta, buccia di limone grattugiata e cannella (a gusto si può aggiungere del cacao).

Mettete il ripieno dentro le frittatine chiuse come dita. Cospargete con cannella e zucchero a velo.

Frutta allo sciroppo di viole

Fate bollire per circa 15-20 minuti 1 lt. d'acqua e 400 gr. di zucchero ed aggiungete essenza di viola (alcune gocce) o essenza di arancio, il succo di un limone e 5 decilitri di maraschino.

Unite la frutta fresca (pulita della buccia e tagliata in quarti) con lo sciroppo preparato caldo cospargendovi dei petali di rosa. Il tutto deve essere preparato almeno un paio di ore prima del consumo

My last photo of grandma, with her great grandson Andrew Martino, 1981

Apostles' Fingers

Ingredients:
4 eggs
12 oz. of sugar
8 oz. of ricotta cheese
lemon peel
cinnamon

Beat eggs and cook as omelets, insuring they are thin. Set aside. Mix sugar, ricotta, grated lemon peel, and a dash of cinnamon. Put some mixture in each of the omelets and roll them close. Sprinkle with cinnamon and confectionery sugar and serve.

Fresh Fruit with Syrup

Boil 1 quart of water and mix in a lb. of sugar, some orange extract, the juice of a lemon, and a glass of maraschino liquor. Clean, peel, and cut into bite sized pieces some assorted fruits. Cover fruit with the warm syrup and sprinkle over it some rose petals.

Cool for at least 2 hours and serve.

L'Aglianico
Il Vino D.O.C. Del Vulture

L'Aglianico è un vitigno ad uva rossa molto diffuso in Basilicata e nella provincia di Avellino, in Campania. Ha una origine molto antica, introdotto in Italia dai Greci all'epoca della fondazione di Cuma col nome di Hellanica da cui la transformazione in Aglianico nel XV secolo .

La Coltivazione del vitigno aglianico in Basilicata raggiunge il meglio sui terreni collinari di origine vulcanica del Vulture, nei comuni di Melfi, Rapolla, Barile, Ripacandida, Rionero, Ginestra, Venosa, Maschito e Forenza.

Le Caratteristiche organolettiche e chimiche dell'Aglianico del Vulture sono nel colore rosso rubino più o meno intenso o granato vivace, con riflessi aranciati dopo un invecchiamento di almeno tre auni, nell'odore vinoso con profumo delicato caratteristico, di un sapore asciutto, sapido, armonioso, giustamente tannico, che tende al vellutato col tempo.

La sua gradazione alcolica supera sempre i 12 gradi, con un'acidità totale ed un estratto secco, rispettivamente, non inferiore a 6 e 22 per mille. L'Aglianico del Vulture viene vinificato esclusivamente con l'omonima uva, che ha una resa media del 70% a quantale ed è ricavata da vigneti che producono una quantità media intorno ai 90/100 q. per ettaro.

Un buon invecchiamento, prima in botte e poi in bottiglia, portano l'Aglianico a livelli di assoluta eccellenza e tale da farlo annoverare fra i migliori vini d'arrosto d'Italia e sicuramente, con le sue caratteristiche, il primo della enologia delle regioni meridionali: la buona acidità totale gli conferisce un sapore fresco e gradevole, l'elevato tenore di glicerina lo rende morbido, la scarsità di zucchero lo rende asciutto, così da equilibrare il modo armonico una serie difattori comuni solo ai vini di qualità superiore. Nel 1971 è stato riconosciuto all'Aglianico del Vulture la denominazione di origine controllata.

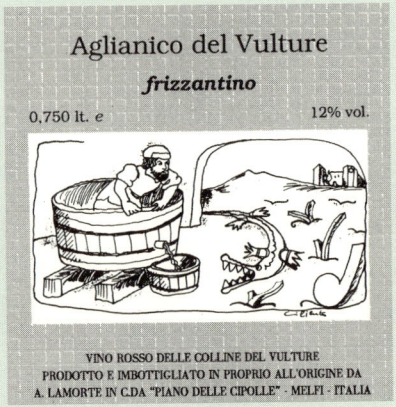

Aglianico
The Certified Wine of Vùlture

Recognized as a superior wine from the Vùlture mountain, Aglianico is a type of red grape grown in the Basilicata region and in the Avellino province of the Campania region. The grape has an ancient origin since it was introduced in Italy by the ancient Greeks at the time of the founding of the city of Cuma. The old name "Hellenica" was transformed into "Aglianico" in the 15th century.

The cultivation of the Aglianico grape vine in Basilicata produces better results in the hilly soil of the volcanic Vùlture mountain area including the municipalities of Melfi, Rapolla, Barile, Ripacandida, Rionero, Ginestra, Venosa, Maschito, and Forenza.

The organic and chemical characteristics of the Vùlture Aglianico wine are the ruby red color with orange tints after an aging of at least three years, a delicate characteristic bouquet, and a "just right" tannic dry taste which with aging becomes velvety.

Aglianico del Vulture
Denominazione di Origine Controllata

0,750 lt. e   12,5% vol.

VINO ROSSO DELLE COLLINE DEL VULTURE
IMBOTTIGLIATO IN PROPRIO ALL'ORIGINE DA
A. LAMORTE
"PIANO DELLE CIPOLLE" - MELFI - ITALIA

Its alcoholic content is always at least 12%, and its total acidity and dry extract, respectively, never below 6 and 22 parts per 1000. The Aglianico wine of Vùlture is made only with Aglianico grapes grown in vineyards producing, on the average, 20 to 24 tons of grapes per acre.

Good aging, first in casks and then in bottles, makes Aglianico an excellent wine to be served with meats, and surely with its characteristics, is the best wine of Southern Italy. The good acidity level gives it a fresh and pleasing flavor; the high level of glycerin makes it smooth, and the lack of excessive sugar content renders it dry, producing an aromatic equilibrium found only in superior wines. In 1971, the Italian government recognized the unique qualities of the Aglianico, granting producers of such wine its label protection against similar products.